폴리티쿠스
02

정치의 공간

최장집 지음

평화와 공존,
갈등과 협력을 위한
다원주의의 길

후마니타스

● 정치에 대한 정치적 해석, 폴리티쿠스 2호

정치의 공간
_ 평화와 공존, 갈등과 협력을 위한 다원주의의 길

1판1쇄 | 2017년 9월 20일
1판2쇄 | 2018년 1월 15일

지은이 | 최장집

펴낸이 | 정민용
편집장 | 안중철
편집 | 강소영, 윤상훈, 이진실, 최미정

펴낸곳 | 후마니타스(주)
등록 | 2002년 2월 19일 제300-2003-108호
주소 | 서울 마포구 양화로6길 19, 3층 (04044)
전화 | 편집_02.739.9929/9930 영업_02.722.9960 팩스_0505.333.9960

블로그 | humabook.blog.me
페이스북, 인스타그램, 트위터 | @humanitasbook
이메일 | humanitasbooks@gmail.com

인쇄 | 천일문화사_031.955.8083 제본 | 일진제책사_031.908.1407

값 13,000원

ISBN 978-89-6437-287-6 04300
      978-89-6437-270-8 (세트)

이 도서의 국립중앙도서관 출판예정도서목록(CIP)은 서지정보유통지원시스템 홈페이지(http://seoji.nl.go.kr)와
국가자료공동목록시스템(http://www.nl.go.kr/kolisnet)에서 이용하실 수 있습니다.(CIP제어번호: CIP2017023485)

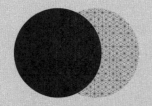

차례

1.

이번 책은 한국 민주주의의 발전을 염두에 두면서, 정치라는 인간 행위가 감당해야만 하는 영역에 대해 이야기한다. 달리 말하면 시민 주권을 위임받은 정치 지도자들이 이끌어야 할 '한국 민주주의의 통치 공간'에 대한 이야기라고 할 수 있다.

2.

민주주의는 특정 유형의 통치 체제(a type of government)를 가리키는 개념이다. 1인에 의해 통치되는 군주정(君主政)이나 소수에 의해 통치되는 귀족정(貴族政)과는 달리, 다수 시민의 지지에 정당성의 기초를 두고 통치가 이루어진다는 점에서는 분명한 차이가 있지만, 민주주의 또한 정부를 이끌고 공공 정책을 운영하는 방식을 통해 자신의 존재 이유를 증명하고 사회적으로 유익한 효과를 만들어 간다는 점에서는 다르지 않다. 그런 의미에서 민주주의란 Democratism 혹은 Democraticism으로 표기될 수 있는 이념이기보다는 Democracy, 즉 민주정(民主政)이라는 사실에 적절한 주목이 있어야 할 것이다.

민주주의 역시 정부를 이끌 좋은 통치 엘리트(governing elite)를 필요로 한다. 군주정이나 귀족정과 같은, 민주주의가 아닌 체제와 다른 점이 있다면, 서로 다른 시민 집단의 이익과 열정에 기초를 둔 복수의 통치 엘리트 팀이 있고, 또 이들 사이에 주기적 경쟁을 통해 정부 운영권을 위임받는다는 데 있다. 그런 의미에서 민주주의란, (넓게 보면) 시민 대중과 통치 엘리트가 협력하는 체제이고, (좁게 보면) 시민들이 자신들만의 통치 엘리트 팀을 통해 일하는 체제라고 정의할 수 있다.

그런 공통의 이익과 열정, 더 나아가 유사한 정견을 가진 시민 집단 가운데 통치의 운영권을 두고 다투는 조직을 정당(political party)이라고 한다. 그 속에서 신뢰받을 수 있는 유능한 통치 엘리트들이 성장해야 민주주의도 좋아진다. 그런 정당이 제 역할을 하지 못한다면 민주주의는 서로 다른 시민 집단들로 편을 나눠 소란스럽게 다투기만 할 뿐 인간 사회를 개선해 갈 수 있는 유익한 효과를 만들어 갈 수 없다. 설령 절차적 정당성을 갖춰 대통령을 선출했다 해도, 기껏해야 그 1인의 통치자와 그를 보좌하는 소수의 참모들을 위한 정부를 만드는 데 그칠 뿐, 서로 의견이 다른 시민들에 대한 정치적 책임성의 고리는 느슨해질 수밖에 없기 때문이다.

통치 엘리트 집단이 정치적 책임성을 감당하게 되는 정부 행위 혹은 정부의 정책 행동은 구속력 있는 결정을 동반할 뿐만 아니라, 뚜렷한 분배 효과(distributional effect)를 갖는다. 공적 결정이란, 반드시 집행된다는 것을 의미하는 동시에 누군가는 그것을 통해 혜택을 받고 누군가는 그에 필요한 비용을 지불하게 된다는 점에서, 정부 정책의 분배 효과만큼 크고 강력한 것은 없다.

이 모든 일은 정부가 시민의 주권과 시민들이 생산한 것의 일부를 위임받아 움직인다는 사실에서 비롯되는바, 문제는 그것이 거대한 조직 속에서 이루어지고 상당한 지식과 기술을 필요로 하는 복합 체계 속에서 작동한다는 데 있다. 옛 정치철학자들은 정치 공동체를 거대한 배에 비유하기를 좋아했는데, 목표한 항구에 배가 안전하게 도달하기 위해서는 노 젓는 사람은 물론 선장과 조타수, 갑판원 등 다양한 기능과 체계가 움직여야 하기 때문이다. 오늘날 정부는 배로는 비유할 수 없을 만큼 기능 면에서 그보다 더 복잡할 뿐만 아니라 규모 면에서 훨씬 더 크다. 따라서 그에 맞게 정부를 운영하는 문제에서도 엄청난 준비와 노력이 필요하다. 민주주의를, 정부를 운영하는 문제가 아니라, 대통령 개인을 선출하고 그에게 모든 것을 맡기는 문제로 이해하는 것은 근본적으로 한계가 있는 것이다.

3.

민주주의에서 정부란 인위적으로 만들어진 인간 공동체를 가리킨다. 본래부터 있던 자연적인 공동체도 아니고, 모두에게 충성을 강요할 수 있는 규범적 실체도 아닌, 시민이 필요해서 만든 가공물이라는 뜻이다. 그렇기에 민주주의가 아닌 체제에서 국가를 물신화하는 것과는 달리, 시민 입장에서 누구든 합리적으로 회의하고 의심해 볼 수 있는 대상이자, 필요하다면 바꾸고 개선하고 교체할 수 있는 것이 정부다.

아래로부터의 관점에서 보자면, 시민의 자유와 생명은 물론 시민이 정당하게 노동하고 생산한 결과인 그들의 재산을 잘 보호할 때에만 그 정당성이 인정된다. 그러나 정부는 그저 수동적인 존재가 아니다. 위로부터의 관점에서 보자면, 정부란 인간이 필요해서 만들었지만 강력한 절대 권력을 갖는다. 그것은 강제력을 갖는 공권력이며, 적절한 책임과 견제, 균형의 원리로부터 자유로워지면 시민과 사회를 억압하는 폭력 조직이 될 수 있다.

제도와 절차, 규정을 포함하는 법에 근거를 두지 않고 작용해서는 안 되는 것이 정부이므로, 법이 만들어지고 집행되고 적용되는 넓은 영역을 포괄할 수 있는 '책임 있는 정치 세력의 통치 능력'은 절대적으로 중요하다. 정부란 시민의 주권을 위임받아 정당한 방법으로 법을 만들고 집행하고 적용하는 공권력 전체를 가리킨다는 의미에서, 보통은 입법부-행정부-사법부 전체를 포괄하는 개념이다. 하지만 우리의 경우 오랜 권위주의 체제에서 정부에 대한 인식이 만들어졌기에 대개는 행정부를 곧 정부로 동일시하곤 한다. 엄밀한 의미에서 아직 민주적 정부관은 자리 잡지 못했다고 할 수 있다.

간단히 말해 권위주의란 행정부 우위 체제를 특징으로 하는 반면, 민주주의란 법을 만드는 입법부가 제1의 정부 기관임을 뜻한다. 사실 이런 정부관은 민주주의 이전, 자유주의적 입헌주의 시대에 만들어진 규범이라고 볼 수 있다. 그렇기에 선진 민주주의 국가들에서는 시민 생활에 큰 영향을 미치는 전쟁과 조세에 관련한 권한(전쟁 선포권 및 예산 작성권 등)은 입법부가 갖는 것이 자연스럽다. 우리는 이런 입법부 중심의 정부관이 실현된 적이 없을 뿐만 아니라, 정부라고 하면 대통령과 청와대로 여기는 관행이 여전히 강력하다.

민주화 이후 30년이 지나는 동안 6명의 대통령이 정부를 이끌었지만, 그들 모두는 하나같이 입법부를 존중하지 않았다. 대개는 입법-행정-사법 모두의 상위에 선 최고 권력자로 여겼다. 그러다 보니 자연스럽게 청와대를 내각과 정당을 통할하는 제1 권력 기관으로 애용했다. 대통령도 특정 정당의 대표로서 주권을 위임받았음에도 당선 즉시 정당으로부터 멀어지려 애썼다는 사실은 권위주의 시대의 정부관, 혹은 권위주의 시대의 대통령관이 여전히 얼마나 강력한가를 실증한다.

4.

사인화된 대통령의 정부 혹은 청와대가 권력의 중심에 선 정부는 일견 강해 보이는 듯해도, 구조적으로는 취약할 수밖에 없다는 사실을 이해하는 것이 중요하다. 내각과 집권당을 통할하는 청와대 수석들의 권력은 법률에 근거한 것이 아닐뿐더러, 근본적으로 그것은 대통령 개인의 신임에 매달려 있다는 점에서 한편으로는 임의적이고 다른 한편으로는 폐쇄적인 특징을 갖는다.

이들의 최대 관심은 대통령 개인에 대한 지지를 관리하는 데 모아질 수밖에 없다. 이를 위협하는 집권 세력 내부의 불만과 갈등을 차단하는 권력 통제 기능에 전념하게 되는 일도 피하기 어렵다. 따라서 대통령에 대한 지지율이 하락하고 집권 세력 안에서 다양한 목소리가 통제되지 않을 때쯤 되면 대통령의 청와대 권력은 고립되고 소외되는 패턴을 밟았던 앞선 대통령들의 사례는 결코 우습게 볼 일이 아니다.

내각과 의회, 정당을 무시해 온 관행은 대통령으로 하여금 국민에게 직접 호소하려는 욕구를 갖게 만드는데, 이는 더욱 위험한 결과로 이어진다. 박근혜 전 대통령의 사례는 하나의 전형을 보여 준 바 있다. 그는 '국민'이라는 정치 언어를 정말 좋아했다.

"암흑 속에서 등대를 보고 똑바로 가듯이 국민만 보고 가겠다."
는 말을 앞세웠고, 그러면서 의회와 정당들에 대해서는 힐난하
기를 주저하지 않았다. 그 절정은 2016년 1월 18일 경기 성남시
판교역 광장에서 열린 '민생 구하기 입법 촉구 천만 인 서명운동'
참여로 나타났다.

역사상 처음 있는 '대통령의 국민 서명운동 참여'를 통해 박
전 대통령은 "국민들과 함께 서명운동에 동참하겠다. 국회가 그
역할을 제대로 못하니까 국민들이 나서서 바로잡으려고 하는 것"
이라고 말했다. 이튿날 주최 측의 성명은 더 대단했다. "19대 식
물 국회의 적폐가 가히 망국적이다. 북괴의 4차 핵실험 앞에서
도, 안보와 민생에 관한 입법을 마비시킨 국회의 비정상성 때문
에 대통령이 길거리 서명까지 하면서 경제 살리기 입법을 독촉
하게 된 것이다."라고 주장하고 나섰기 때문이다.

이렇듯 '길거리 서명 정치'까지 하면서 집권당 내 반대 그룹
을 국민 배신자로 몰고 야당을 적폐 세력으로 공격하던 박 전 대
통령은 4월 총선에서 완패했고 같은 해 말 다른 종류의 거리 정
치에 의해 몰락했다. 대통령이 정당주의자, 민주주의자일 때만
민주주의의 발전에 기여할 수 있을 뿐만 아니라, 자신의 권력을
지킬 수 있다.

지난 대선에서 문재인 후보는 '정당의 힘'으로 당선되었다. 당
시 다섯 선거 캠프 가운데 정당의 조직적 힘을 가장 잘 활용한 당

은 단연 민주당이었다. 다당제의 효과도 보았다. 앞선 후보에 대한 견제가 중첩되기보다는 이슈에 따라 다양한 형태로 분할되고 조정되었기 때문이다. 따라서 선거 과정에서 문재인 후보가 '의회와의 협치론', '책임 총리-책임 장관론', '정당 정부론'을 내건 것은 민주주의를 위해 매우 우호적이고 발전적인 약속이었다.

그는 "일상적인 국정 운영에 대해서는 책임 총리를 비롯한 내각이 담당하고, 총리와 장관이 하나의 팀으로 공동 책임을 지도록 하는 연대 책임제를 구현하겠다."고 말했다. "정당이 생산하는 중요한 정책을 정부가 받아서 집행하고 인사에 관해서도 당으로부터 추천받거나 당과 협의해 결정하는, 그렇게 해서 문재인 정부가 아니라 더불어민주당의 정부 …… 이것이 바람직하다고 보고 저는 이미 이렇게 공약을 했다."고 분명하게 말하기도 했다.

의회와 협치하고 내각을 통해 일하고 활기찬 당정 관계를 이끄는 대통령의 모델은 실천될 수 있을까? 혹은 선거 때 했던 말일 뿐, 집권 후에는 이전 대통령들과 마찬가지로 청와대가 권력의 중심이 되는 정부를 이끌게 될 것인가? 이는 한국 민주주의의 미래와 관련해 결정적인 문제가 아닐 수 없는바, 그 일은 청와대 수석실 폐지와 함께 대통령 비서실의 규모와 기능을 최소화하는 데서 시작되어야 할 것이다.

그래야 내각이 활성화될 수 있다. 그래야 집권당의 책임성도 커질 수 있다. 그래야 입법부와 정당정치가 중심이 되어 민주주의가 사회를 통합해 갈 수 있는 역할과 기능을 할 수 있게 된다. 청와대가 궁정당(court party)의 역할을 하는 한 민주주의의 발전은 상상할 수 없다.

5.

민주주의에서 정부 행위 혹은 통치는 크게 세 차원 위에서 기능한다.

첫째는 국가 간 체계다. 어느 나라든 그 나라 민주주의의 향배를 결정짓는 행위자들이 국내에만 국한되어 있지는 않다. 그 가운데 안보와 외교 문제는 정치의 중심 문제가 아닐 수 없다. 제2차 세계대전 이후 가장 큰 국제 전쟁을 경험했고 그로 인해 적대적 분단 상태를 심화시켜 온 우리의 경우 외교 문제는 더욱 절박하다. 동아시아 국제 체제를 관리하는 문제, 이를 통해 남북한 평화의 조건을 심화시키는 문제에서의 변화 없이 국내 정치가 좋아질 수 없다.

둘째는 정당들 사이의 경쟁과 협력의 체계다. 흔히 정당 체계라고 불린다. 어느 민주주의 국가든 시민이 모두 같은 생각을 갖는 것은 아니다. 그들 사이의 이해관계와 집단적 열정은 다를 수밖에 없기에, 이를 표출하고 집약해 내는 다원적 정당들의 기능이 작동하지 않으면 민주주의라고 할 수 없다. 정당 간 차이를 보통은 좌와 우 혹은 진보와 보수라는 이념적 지평 위에서 이해하게 된다. 그리고 그 핵심은 어디까지나 좋은 보수정당과 좋은 진보정당의 역할이 주축을 이룰 수 있느냐에 달려 있다. 다당제에서도 진보와 보수를 대표하는 두 개의 주축 정당이 중심이 될 수밖에 없다. 우리에게는 어느 정당이 그런 주축 정당의 역할을 하게 될까?

셋째는 자본주의 경제체제다. 오늘날 민주주의 국가들은 모두 자본주의 국가들이다. 자본주의는 하나의 동일한 유형만 있는 것이 아니다. 민주주의라는 정치체제가 경제를 어떻게 관리하느냐에 따라, 혹은 자본주의라는 경제체제가 정치에 미치는 영향이 어떠냐에 따라, 민주주의도 자본주의도 성격과 모양새가 달라진다. 그 핵심은 가장 중요한 생산자 집단인 노동과 자본이 어떤 관계를 발전시켜 가는지에 있다. 1987년 민주화 이후 30년이 지나고 있지만, 아직 한국 민주주의에서 노동은 시민권을 갖고 있지 못하다. 사용자 집단을 대신해 정부가 공안적 관점에서 노동을 관리해 왔다고도 할 수 있다. 자연히 노동운동 역시 정부나 기업에 대해 전투적으로 갈등해 왔다. 노동 배제적 자본주의와 전투적이고 비타협적인 노동운동이 공존하는 노사 관계 속에서는 경제도 정치도 발전을 기대하기 어렵다.

요컨대 좋은 정부란 ① 국가 간 체계를 평화적으로 관리하고,

② 의견을 달리하는 시민 집단들 사이에서 경쟁과 협력의 정당 정치를 이끌고, ③ 경제의 주요 생산자 집단들 사이에서 공정한 영향력이 교환될 수 있는 조건을 형성해 주는 일을 통해, 사회 구성원 개개인이 좀 더 자유롭고 평등하고 건강하고 안전하고 평화로운 삶을 영위할 가능성을 확대하는 데 있다 할 것이다.

6.

문재인 대통령 시대 동안 집권당과 내각이 중심이 된 정부는 무엇을 해야 할까? 여야의 통치 엘리트들이 민주주의 발전을 위해 해야 하거나 개척해야 할 정치적 과업은 무엇이고, 그것은 어떤 구조적 특징을 갖는 것일까?

1장은 외교를 통해 달성해야 할 평화의 문제를 다룬다. 오랫동안 적대적 분단 상태를 심화시켜 온 우리의 경우는 더욱 절박한 것이 평화의 문제다. 그간 분단 문제에 대한 보수와 진보의 접근은 큰 차이가 있었지만, 양 진영 모두 공통적으로 통일을 궁극적 목표로 삼았다. 보수의 냉전 반공주의적 관점이든 진보의 민족주의적 관점이든, 분단은 비정상이고 분단 상태에서 평화는 있을 수 없다고 전제했다. 그 속에서 외교의 역할은 부재하거나 최소화되었다. 한미 군사동맹을 축으로 한 적대적 안보관과 그 성격이 무엇인지를 알 수 없는 한민족공동체 회복의 관점이 계통 없이 교차되는 일만 반복했을 뿐이다. 그것이 현실적 최선일 수 있을까? 분단 상태가 미국과 러시아는 물론 동아시아 국가 간 관계의 산물이라면, 통일은 남북한만의 문제가 될 수는 없을 것이다. 한국전쟁이 전개되고 종결되는 과정만큼 이를 잘 보여 주는 것도 없다. 엄밀한 의미에서 남북한의 통일이란 없다고 말해야 할지 모른다. 설령 통일을 진지하게 고려하더라도, 그것은 동아시아에서 평화적 국제 체제를 구축하고 발전시킨다는 비전 속에서 남북한의 협력적 공존을 모색하는 긴 과정 없이는 상상할 수 없는 일이기 때문이다. 그럼에도 불구하고 어느 정치 세력도 이를 인정하려 하거나 그런 방향으로의 정책적 전환을 말하지 않는다. 그 결과는 북한의 핵개발과 미사일 기술 개발의 속도가 빨라지고 한미 군사훈련의 강도가 심화되는 것으로 나타났고, 급기야 사드 배치를 둘러싸고 동아시아 국제 관계가 전례 없는 적대와 혼란 상태로 들어섰다. 무엇이 잘못된 것일까? 어떤 변화가 필요할까?

2장은 한국 정당 체계의 오른쪽 한계선에 대해 이야기해 본다. 냉전 반공주의와 노동 배제를 앞세운 보수가 아닌, 민주주의 가치와 병행할 수 있는 합리적이고 개혁적인 보수가 주축 정당이 될 수 있는 길은 과연 있을까? 그런 보수정당이 중심적인 역할을 한다면 적은 갈등 비용만으로도 사회 발전을 위해 할 수 있는 일이 많을 것이다. 인간이 유기체인 한, 그리고 사회 또한 일정한 균형을 필요로 하는 한 보수 없는 인간 사회는 상상하기 어렵다. 불균형 혹은 균형의 파괴는 곧 죽음과 재난이라는 사실을 누구도 무시할 수 없다. 따라서 보수 없는 정당정치는 민주주의자가 생각할 수 있는 미래가 아닐 것이다. 중요한 것은 어떤 보수냐에 있다. 2017년 대선을 전후한 여러 상황들은 지금까지와 같은 보수라면 집권할 수 없다는 사실을 여실히 보여 주었다. 문제는 보수가 반공과 종북이라는 이데올로기적 두려움에 의존하지 않고 스스로의 정당성과 논리적 힘으로 서야 한다는 것, 그런데 그것은 지난 한국 현대 정치사에서 처음 있는 도전이라는 것, 그런 도전을 넘어 스스로를 정립하는 일은 간단하지 않다는 것이다. 바른정당으로 대표되는 개혁 보수에게는 기회가 있을까? 그 기회를 실현하려면 어떤 변화를 감당해야 할까?

3장은 민주주의의 관점에서 노동문제를 재정의하는 일에 대해 살펴본다. 노동이, 배제하고 억압해야 할 반체제적 도전 세력이 아니고, 성장을 위해 그 비용을 최소화해야 할 비인격적 단위이기만 한 것도 아니라면 다른 관점이 필요하다. 냉전 반공주의도 아니고 신자유주의도 아니라고 말하기는 쉽다. 계급 투쟁론이나 혁명론의 관점에서 접근하는 것이 어떤 한계를 갖는지 말하는 것도 어려운 일은 아니다. 문제는 민주주의의 관점과 양립할 수 있는 대안적 노동관 혹은 노사 관계는 어떤 것이냐 하는 데 있다. 이와 관련해 이제 우리 사회에서도 노사정위원회라는 기

구와 더불어, 코포라티즘이라는 접근이 어느덧 상식화되다시피
했다. 그러나 정작 코포라티즘 이론에 대해서는 여전히 이해하
기 어렵다는 반응이 지배적이다. 국내에서 이 이론을 처음 적용
해 노동문제를 분석한 학자는 최장집 교수였다. 지금으로부터
35년 전의 일이다. 3장은 최 교수와의 대화를 통해 이 문제를 생
각할 기회를 갖는다. 정치학자로서 그는 왜 노동문제를 전공하
게 되었을까? 코포라티즘 이론이 갖는 학문적 업적은 무엇이고,
현실의 정치적 실천이라는 측면에서 어떤 가치를 갖는가? 우리
는 왜 노동문제를 단순히 일자리 늘리는 차원이 아니라 민주주
의의 중심 문제로서 이해하고 접근해야 하는가?

7.

이상과 같은 문제의식으로 한국 민주주의가 개척하고 발전시켜 가
야 할 정치의 공간을 탐색하는 긴 이야기를 시작해 보기로 하자.

박상훈

1장

통일인가
평화공존인가

"우리가 평화공존이 아니라, 군사적 대응이나 안보만을 대북 정책의 최우선 목표로 삼는다면 선택의 여지는 지극히 협소해질 것이다. 항시적인 군사 안보 체계를 강화하는 유사 전시 체제를 유지해야 하고, 안보를 위해 미국에 절대적으로 의존하지 않으면 안 된다. 오로지 북한에 대한 증오와 전쟁을 불사하는 적의를 불태우고 강조해야 한다. 그 경우 우리의 국가 목표는 너무나 부정적 · 소극적인 것이 되고, 그러면서도 항시적인 전쟁 위험을 안고 살아야 하는 사회로 퇴행할 수밖에 없다. 왜 우리 사회를 이런 전쟁의 공포와 위험이라는 쇠창살에 가두어야 하는가?"

1. 한국 외교정책의 여섯 가지 명제

무력 충돌 가능성이 높아진 한반도

2016년 9월 북한의 5차 핵실험과 2017년 9월 4일의 6차 핵실험은 관측자들의 예상보다 훨씬 빠르게 북한의 핵무장화를 가시권으로 당겨 놓았다. 장거리 미사일 개발에 박차를 가해 온 북한이 핵탄두를 장착할 때 그 군사적 위협은 가공할 만한 일이 될 것이다.

2016년 당시 북한의 핵 문제는 임기 말을 앞둔 오바마 행정부에서 중대 의제가 되지 못했다. 하지만 현재 상황은 그때와는 전혀 다르다. 지금 한반도에서 전쟁 위협은 가상이 아닌 실제로 가능한 예측 불허 상태가 되었다. 한국의 군사·안보 관련자들이나 분석가들, 그리고 미 국방부의 안보 관련 군사전략가들은, "군사적 공격이 단지 핵과 미사일 기지를 제거하기 위한 제한적인 것일지라도, 북한으로부터의 재난적 보복을 촉발할 수 있다는 데 의견을 같이한다."라고 외신들은 전한다(*International New York Times* 2017/04/12). 실제로 미국이 초정밀 신무기를 사용해 북한의 핵 시설을 선제 타격해 위험을 제거한다 하더라도, 이 공격에서 살아남은 북한 포대의 반격은 근거리 사정권인 경인 지역의 2천5백만 주민들에게 치명상을 입힐 가능성이 크다. 이는 사실상 전쟁을 의미하는 것이고, 분명 재난적인 결과를 초래할 것이다. 미국과 한국의 군사·안보 전문가들은 이 위험성을 잘 알고 있다.

우리는 이미 1993년과 2002년 두 번에 걸쳐 핵 위기를 경험한 바 있다. 그러나 현재 상황은 그때와는 다르다. 출범 직후부터 대북 강경 노선을 천명하고 나선 트럼프 정부와, 미국의 위협에도 굴하지 않겠다는 대담함을 보이면서 핵무장화와 미사일 실험을 추구하려는 북한이 정면으로 충돌하고 있는 형국이다. 오늘의 미국과 북한 간의 치킨 게임 상황은 그 전에 비해 훨씬 더 긴박감을 느끼게 한다.

오늘날 세계는 1980년대 말 동서 냉전이 종결된 이후 시대이자, 냉전 때와는 확연히 다른 새로운 국제정치 질서를 맞고 있다. 그러나 이런 세계적 수준에서의 체제 변화에도 불구하고, 한반도만큼은 한국전쟁 때와 유사하게 또다시 군사적 대립의 진원지가 되고 있다. 우리는 지금 활화산의 정상에서 살고 있는 것이나 다름없다. 그런데도 언제까지 이런 상황을 당연한 것처럼 여기며 아무런 대책도 없이 살아야 하는가라는 질문을 던지지 않을 수 없다.

냉전 반공주의도 민족주의도 아니다

한국 정부의 지도자들, 외교·안보 분야의 정책 당국자들, 정치권의 정치인들이 이런 심각한 사태에 대해 이렇다 할 대안을 갖지 못하고 있다는 점을 크게 우려하지 않을 수 없다. 현재 한반도를 둘러싸고 전개되는 무력 충돌의 위험성은, 미국이나 일본, 중국의 시선으로 그 심각성이 전해질 때에야 사태의 엄중함을 느끼게 되고, 그때에야 비로소 이슈화된다. 트럼프 정부 들어 대북 강경 정책이 한반도의 전쟁 위험을 높일 것이라는 우려를 누구보다 먼저 표명했던 사람들은, 1994년 1차 북핵 위기 당시 미국 대표로서 북미 기본 합의를 타결한 로버트 갈루치(Robert Gallucci)나, 역시 동아태차관보와 북핵 6자 회담 수석대표를 역임한 크리스토퍼 힐(Christopher Hill) 같은 미국 외교관들이었다. 정작 한국의 지도층들은 미국만 쳐다보고 불안해하거나 안도하는 태도를 보였을 뿐이다. 그저 남의 집 불구경하듯 일희일비하는 것이 현재 우리의 현실이다. 지난 대선에서 후보들이 보여 준 모습도 크게 다르지 않았다. 남북한 간 긴장과 안보 문제는 대선 과정에서 그 어떤 사안보다 심각하고 중대했음에도 어떤 설득력 있는 대안이나 비전도 제시하지 못했다. 그보다는 낡은 냉전 반공주의적 이념 틀을 통해 서로를 공격하거나, 행여 민감한 이데올로기적 중대 이슈를 잘못 건드렸다가 표를 잃을까 두려워 안전 제일주의를 취한 것이 전부였다. 이런 상황과 조건이 계속된다면, 우리의 안전은 지극히 위태롭다.

우리의 운명은 한반도에 압도적 영향력을 행사하는 미국과 중국 간에 치러지는 정치적 게임의 함수처럼 보일 뿐이다. 이번 대선 과정에서 보수정당의 후보들은 합리적 현실성을 숙고하지 않은 채, 한국도 핵무장을 해야 한다든가, 전술핵무기를 배치해야 한다는 등의 강경책을 주장하고 나섰다. 이런 상황에서 할 수 있는 일이란, 한편으로는 미국만 쳐다보는 일을 되풀이하는 것이고, 다른 한편으로는 한반도의 사드 배치로 인한 중국의 무역 보복에 대해 민족주의 감정을 일깨우면서 대국으로서 치졸하다고 중국을 비판하는 것밖에 없어 보인다. 우리 안보를 위해 미국의 핵우산 보호와 한미 군사 동맹의 공고화가 그 출발점이라는 데는 의심의 여지가 없다. 그러나 안보와 평화라는 우리 문제는 우리가 풀어야 한다는 인식이 가장 우선되어야 한다.

박근혜 정부 시기에 사드 배치가 논의될 때, 정부의 정책 결정자들은 그 국제정치적 의미 내지 중요성을 특별히 고려한 것 같지 않다. 중국의 반발과 무역 보복을 예상하고 대응을 준비한 것 같지도 않다. 지금 한반도를 진원지로 하는 군사적 긴장과 대립은, 남북한 당사자들은 물론 미국과 중국, 일본 등 동아시아 국가들의 이해관계가 상충하고 결합하면서 과거 냉전 시기보다 훨씬 더 복잡해진 국제 관계의 결과물이기도 하다. 이런 국제정치 환경에서 박근혜 정부의 탄핵, 조기 대선을 통한 대통령 선출과 새 정부 출범은, 새로운 국제정치 환경에 대응할 수 있는 남북한 관계, 대북 정책에 대한 새로운 접근을 필요로 한다.

현시점은 촛불 시위라는 격변적 변화를 통한 정권 교체와 외교·안보 정책의 위기가 중첩된 상황이 아닐 수 없다. 현재 한반도가 처한 위험을 극복하는 방법은 무엇인가? 한반도에서 냉전 시기 전체를 통해서도 이루지 못했던 지체된 데탕트를 어떻게 실현할 수 있는가? 어떻게 남북한 간의 군사적 대립을 넘어 상호 평화공존의 방법을 발견하고, 이를 안정적으로 관리할 제도를 만들어 나갈 수 있는가? 지금이 바로 이런 문제들에 대해 진지하게 논의할 시점이다. 이를 통해 그 해결책을 탐색하지 않으면 안 된다.

결론부터 말하면, 지금까지 우리가 했던 익숙한 방식, 즉 북한을 고립시키고 힘으로 밀어붙이는 식의 대북 정책 내지 통일 정책으로부터, 평화의 안정적 관리를 목표로 하는 방향으로 대북 정책, 남북한 관계가 전환돼야 한다. 그것은 긴 우회로를 따라 통일에 이르는 방식이라고 말할 수 있다. 통일이라는 이상은 평화의 지평 저 너머에 있기 때문에 보이지 않는다고 말하는 것이 더 옳다. 오직 평화를 제도화함으로써 평화를 안정적으로 관리하는 것 이외에 다른 가치, 다른 목표는 있기 어렵다. 이를 위해 우리가 필요로 하는 것은 '더 많은 민족주의'가 아니라, 민족주의를 상대화하는 일이다. 민족주의보다 더 우선하고 높은 가치는 평화이다.

새로운 목표를 위한 명제

이를 위해 여섯 가지 명제를 말할 수 있다.

첫째, 북한을 있는 그대로 이해하는 것이 필요하다. 북한을 있는 그대로 이해해야 한다고 말할 때, 그것은 북한을 긍정적 혹은 부정적으로 이해한다든가 하는 식의 가치 판단을 배제해야 한다는 뜻이다. 이를 위해서는 어떤 이데올로기나 가치, 희망적 사고를 잠시 밀쳐 두었으면 한다. 즉 철저하게 가치중립적으로 사실 그 자체를 볼 필요가 있다.

둘째, 김정은 정권의 붕괴가 북한 정권, 즉 북한 체제의 붕괴와 동일한 것은 아니다. 김정은 정권이 붕괴한다고 해서 북한 체제가 붕괴하는 것은 아니다. 그럴 수도 있겠지만 반드시 그렇지는 않다. 그러므로 김정은 정권의 붕괴가 곧 통일을 의미한다는 등식은 성립하지 않는다. 한반도 통일은 분단의 원인이 그러했듯이 남북한 간 쌍방 관계가 아니라, 동북아 국제 질서 내지 국제 체제의 함수이다. 남북 분단을 떠받치는 동북아 질서가 있기 때문에 북한이 존립하고 있는 것이지, 김씨 정권이 북한을 지배하기 때문에 북한이 존립하는 것이 아니다.

셋째, 한반도에서 남북한 간의 통일은 힘으로 밀어붙이는 방식으로 이루어질 수 없다. 힘으로는 통일이든 평화든 모두 불가능하다. 북한의 존립은, 무엇보다 동북아 질서에 있어 지정학적 특성에 힘입은 것이다. 북한은 중국과 '순망치한'(脣亡齒寒) 관계에 있다. 이 관계를 역사적으로 분명히 보여 주었던 것은 한국전쟁이다. 이에 대해서는 뒤에서 별도로 자세히 살펴보겠다.

넷째, 평화를 남북한 관계의 일차적 목표로 삼고 추구하기 위해서는 동아시아 국제정치 질서에서 한국이 독자적인 플레이어가 될 수 있어야 한다. 그러려면 한미 간의 공조와 상호 이해가 절대적으로 필요하다. 그럼에도 불구하고 독자적 플레이어로서의 한국은 한미 관계의 범위를 넘어서는 동아시아 국제정치 질서와 그 변화에 대한 이해와 비전을 가져야 한다.

다섯째, 안정적인 평화 지향적 대북 정책의 추구는, 한국 정치와 사회에서 보수든 진보든 어느 한 진영만의 노력으로는 성공할 수 없다. 김대중-노무현 정부 시기 '햇볕 정책'으로 불린 평화공존 정책과, 이명박-박근혜 정부 시기 힘에 의한 강경 정책을 통한 흡수통일 정책은 이 점에서 모두 한계가 있다. 보수와 진보 사이에 컨센서스를 형성하는 것이 대북 정책의 변화를 위한 필수적인 요소이기 때문이다. 우리는 독일 통일 과정에서 아데나워(Konrad Adenauer)의 '서방 정책'과 브란트(Willy Brandt)의 '동방 정책' 간의 컨센서스 형성으로부터 그 모델이 될 만한 사례를 발견할 수 있다.

여섯째, 지금까지 한국의 대북 정책은 군사적, 그리고 경제적 힘을 통한 흡수통일을 전제한다. 그리고 그 모델은 동서독 통일로부터 왔다. 그러나 그것은 동서독 통일을 잘못 이해한 것이다. 동서독 통일로부터 우리가 배울 수 있는 것은, 서독에 의한 동독의 흡수통일이 아니다. 독일 통일은, 동서독 관계 (독일에서 '내독 관계'라고 말하는) 차원이 아니라, 유럽연합(EU)이라는 초국적 국가의 틀에 의해 뒷받침되었을 때 비로소 가능했다.

이제 이상의 명제가 왜 필요한지에 대한 생각을 말해 보겠다.

2. 현실에 대한 다른 이해가 필요하다

: 김정은 체제에서의 북한과 북핵 그리고 사드 문제

민족주의의 상대화를 위한 평화공존

나는 남북한 간의 평화를 진작시키기 위해서는 그 전제로 공존이 필요하다고 생각한다. 평화공존은 가치, 이념, 생활양식, 국가의 제도와 사회구조가 다른 두 체제가 평화를 유지하는 것에 동의하고 그것을 안정적으로 관리하는 것을 뜻한다. 앞에서 나는 평화를 위해 민족주의를 상대화할 필요가 있다고 말했다. 그것은 두 측면 내지 두 요소를 갖는다.

하나는 대내적인 것으로, 민족주의에 대한 이해를 유연하게 하는 것이다. 민족주의의 가장 간단한 정의는 '일민족 일국가주의'이다. 그러나 불행히도 우리나라는 남북으로 분단돼 있어 한반도에는 사실상 두 개의 주권국가가 존립하고 있다. 남북이 공통적으로 민족주의의 가치와 이념을 준봉(遵奉)하면서 스스로의 정당성을 주장하고, 민족주의를 정치적으로 실현하려 한다면 공존은 어렵고 평화는 불가능할 것이다. 이것은 남과 북에서 각각 정당성/정통성의 문제가 왜 그토록 중요한가를 말해 준다. 따라서 우리는 평화라는 가치가, 경직적으로 정의된 민족주의의 가치보다 더 중요하다는 것을 이해하고 또 그렇게 인정해야 한다.

다른 하나는 대외적인 것으로, 다른 여러 경쟁적 이념이나 가치가 얼마든지 존재하고 존중될 수 있음을 이해하고 인정하는 것이다. 자유주의, 공동체주의, 자본주의, 민주주의 등 인간의 삶에서 중요한 여러 가치들이 존재한다는 것을 받아들이는 것이다. 즉 다른 이념이나 가치에 대해 열린 마음 상태를 가질 때 이념으로서의 민족주의는 '열린 민족주의'가 될 수 있다. 그것은 또한 북한은 북한대로 그들이 처한 역사적 조건에서 공산주의, 김일성주의, 전체주의와 같은 이념을 가질 수 있음을 인정하는 것이기도 하다. 이런 인식을 가질 때 다양한 이념들이 민족주의와 병행하고 있고, 그리고 무엇보다 평화의 가치, 또는 인간의 물질적

향유가 그 어떤 것보다 중요하다고 믿을 수 있다. 요컨대 민족주의만이 아닌 다른 가치들도 그에 못지않게 중요할 수 있다.

평화공존은 가치와 이념을 다변화함으로써, 유일한 가치와 이념을 위해 생사 투쟁을 벌이는 열정을 완화하는 효과를 가질 수 있다. 따라서 평화공존은 상대의 존재, 체제 자체를 있는 그대로 인정하고, 공존하는 마음의 상태를 갖도록 한다. 평화 그 자체가 다른 체제를 통합하기 위해 피를 흘리는 것(그 결과가 통합을 가져오든 아니든)보다 더 의미 있는 가치임을 받아들이는 방식으로 민족주의를 상대화하는 것이다.

평화를 안정적으로 유지하고 점차 이를 제도화해 나간다는 것은, 한반도에 현존하는 두 국가 내지 두 국민 사이에서 서로 다른 체제의 성격과 이데올로기를 인정하고 공존하겠다는 일종의 '잠정 협정'(modus vivendi) 상태에 도달하는 것을 뜻한다. 그것은 평화공존을 위해 불가피하고, 또 필수적이다. 스스로의 가치와 이념을 보편적인 것으로 상정하고 이를 상대방에게 부과하는 방식을 일시적으로 중단해야만 다른 체제와의 공존을 받아들일 수 있기 때문이다.

그것이 항구적일 필요는 없다. 잠정적으로 각자의 일방주의적 욕구를 중단하고 평화를 위해 공존해야 한다는 데 합의해야 할 필요가 있는 것, 오직 그것이 중요할 뿐이다. 남북한 쌍방이 통일 또는 국가연합 등 새로운 국가 관계를 발전시키는 일은 그 다음 단계에서 가능할 것이다.

있는 그대로의 현실을 이해하기

상대를 정복하기 위한 것과, 평화공존을 실현하기 위해 상대를 이해한다는 것은 본질적으로 큰 차이를 갖는다. 상대를 정복의 대상 혹은 적으로 이해할 때, 주된 관심은 우리의 우월성을 암묵적으로 전제하면서 상대방이 얼마나 나쁘고 역기능적이며 취약한가, 그래서 그 체제가 왜 종국적으로 붕괴될 수밖에 없는가에 두어지게 된다. 가치관, 이데올로기적 전제가 강할 때 희망적 사고가 이해 과정을 지배하게 된다. 북한에 대한 이런 이해와 전망이 사실이 아니었음은 오늘 이 시점에서 북한의 존재 자체가 보여 주고 있다. 북한은 붕괴되기는 고사하고, 유지되고 있을 뿐만 아니라, 군사적 위협을 확대하는 점점 더 가공할 체제로 등장하고 있다. 경제 상황도 나름의 개혁·개방을 통해 그 이전에 비해 많이 개선된 것으로 알려져 있다.

북한의 체제 붕괴를 목표로 하는 것과는 달리 평화공존을 실현하고자 할 때 우리는 상대를 협상의 대상으로 전제한다. 그리고 그들은 실제로 무엇을 원하고 있고 무엇을 지향하느냐는 질문을 중심으로, 있는 그대로 북한을 이해하려고 노력하지 않으면 안 된다. 그들과 무엇을 거래할 수 있는지가 중요해지기 때문이다. 그래서 우리는 북한은 어떻게 유지되고 있는지, 어떻게 핵무장화에 이르게 되었는지, 그것은 무엇을 목표로 하는지, 오늘의 북한은 과거에 비해 어떻게 변했는지, 아버지 김정일 체제와 아들 김정은 체제는 어떻게 다른지 등의 의문들, 즉 있는 그대로의 문제에 관심을 갖지 않을 수 없다. 일찍이 마키아벨리는 『군주론』 15장에서 "사변적 상상보다는 사물에 실제 영향을 미치는 실체적 진실"을 추구해야 한다고 말하지 않았던가.

외국 자료나 외신을 통해 나타나는 북한의 실체는 한국에서 우리가 이해하는 것과 적지 않은 차이가 있다. 예컨대 중국 전문가이자 톈안먼사건에 관한 저술로 유명한 미국 컬럼비아 대학 정치학 교수 앤드루 네이선(Andrew Nathan)이 미국의 대표적인 저널에 기고한 글을 볼 수 있다.● 북한에 관한 최근 주요 문헌들을 종합한 그의 글은, 붕괴 직전의 북한에 대해서가 아니라 북한 체제가 어떻게 존립할 수 있고, 실제로 어떻게 작동하는가에 대해 말한다. 동북아 지역에서 최약체 국가인 북한이 모든 국가에 도전하는 것은 어제오늘의 일이 아닌데, 그는 그것을 생존을 위한 "능수능란한 솜씨"라고 말한다. 왜냐하면 이미 냉전 시기 전 기간을 통해 미소 간 경쟁의 틈바구니에서 이득을 취하며 살아

● "Who is Kim Jong-un?", *The New York Review of Books* 2016/08/18.

남았기 때문이다.

중국과 북한 간의 관계는 바깥 세계에서 우리가 생각하는 것보다 훨씬 나쁘다. 실제로, 네이선에 따르면 중국은 북한의 핵무기 프로그램에 반대한다. 왜냐하면 북한이 핵무장화를 밀고 나갈 때 동북아 지역의 미국을 비롯한 한국, 일본 등의 이해 당사국들이 군사전략적으로 무력에 의존하는 정책을 추진하게 되기 때문이다. 그 대표적인 사례가 남한이 사드 배치를 미국과 합의한 것이다. 나아가, 북한의 핵무장화는 인접 국가에서 핵전쟁과 대규모 피난민을 만들어 낼 잠재성을 높이는 일이다. 이런 상황이 중국에 이로울 것은 하나도 없다.

한편, 많은 이들이 중국과 북한의 관계 악화가 북한의 체제 유지를 어렵게 하는 가장 중요한 요소의 하나로 해석하는데, 현실은 그렇지 않다. 현재 양국 관계가 매우 나쁜 상황임에도 불구하고, 북한 체제는 여전히 강고하기 때문이다. 이와 관련해, 네이선은, 지금 북한 체제는 자신이 존립하는 것과 붕괴되는 것 두 가지모두에 의해 세계에 화를 불러올 수 있는 능력을 갖고 있으며, 또그것으로 세계의 나머지와 대적하고 있다고 말한다. 김정은에대한 평가도 자못 흥미로운데, 미래를 기약할 수 없는 최악의 상황에서 국면을 전환시키는 데 성공함으로써, 애초 회의적이었던관측자들을 놀라게 하고 있다고 평가한다.

다른 한편, 베이징(北京)은 워싱턴이 생각하듯이 북한 문제를 위기로 고려하지는 않는다. 왜냐하면 그런 상황이 중국에 일정하게 혜택을 가져다주기 때문이다. 미국, 일본, 한국을 포함하는 미국의 맹방이자 파트너들이 북한의 위협을 다루는 데 있어 우선순위가 다르므로, 평양의 교란적 행태는 이들 사이의 관계에 긴장을 만들어 내는 일이기도 하다. 중국은 한국이 중국에 좀 더 가까워지도록 몰아가는 한편, 워싱턴으로 하여금 베이징이 북한 문제를 해결하는 데 노력하는 것을 감사하게 생각하도록 만들기 때문에 동북아시아 지역에서 중심적인 외교적 중재자의 역할을 자임할 수 있었다.

중국은 한반도 핵 문제에 대한 해결책은 주로 워싱턴에 달려 있다고 본다. 중국인들이 보는 바에 따르면, 그동안 평양이 그렇게 말해 왔듯이, 북한의 핵 정책은 그들의 존립에 대해 수십 년 동안 미국이 가해 온 위협에 대한 필연적 반응이다. 중국 전략가들은 만약 워싱턴이 북한 체제의 붕괴를 추구하지 않는다는 확신을 주고 또 그런 보장을 해주었다면 평양은 핵 프로그램을 포기했을 것이라고 믿는다. 워싱턴이 그런 방향에서 여러 차례 언급했다 해도, 북한이 믿을 수 있을 정도의 분명한 내용이 있었던 것이 아니므로 변화가 없었다는 것이다.

1994년과 2005년 두 번에 걸쳐 핵무기 폐기를 위한 중요한 협상이 있었지만, 평양과 워싱턴이 서로를 이중적이라고 비난하는 가운데 협상들은 실패하고 말았다. 현재 중국의 관점에서 본다면, 북한을 비핵화시키는 것은 너무 늦었다. 김정은이 원하는 것은 하나의 핵 강국으로서 국제적으로 인정받는 것이다. 네이선은, 결국 미국은 그 요구에 응할 수밖에 없다고 본다.

합리적 미친 짓

2016년 9월, 북한의 5차 핵실험 이후 『뉴욕 타임스』에 실린 반응들도 네이선의 견해와 크게 다르지 않았다. 북한은 실제로 전쟁을 원하지 않지만, 전략적이고 의도적으로 항구적인 전쟁 위협을 키우고 있다고 본다. 북한의 행태는 일견 "미친 것처럼 보이지만, 합리적"이라는 것이다(*INYT* 2016/09/12).

여기서 북한에 대해 '합리적'이라고 말할 때, 그것은 정치 지도자들이 언제나 최상의 또는 지고의 도덕적 선택을 한다거나, 정신적 덕성의 소유자라고 말하는 것은 아니다. 여기에서는 자기 보존의 핵심인 자기 이익에 따라 행위하는 것을 말한다. 이런 이해를 전제로 한다면, 북한의 외부 환경으로서 국제 환경은 북한이 행위하는 인센티브의 체계를 구성한다. 『뉴욕 타임스』는 한 정치학자의 말을 인용하면서 "북한 지도자들은 능수능란하게도 그들의 이익이 무엇인가를 결정했고, 그에 따라 행동했으며……, 극도의 정확성을 가지고 궁전을 운영하고, 또한 국내·국제정치를 운영할 수 있는" 능력을 가졌으며 목적과 수단 사이의 상응성을 계산할 수 있는 합리적 지도자들이었다고 말한다.

『뉴욕 타임스』는 북한이 이런 '비합리성의 합리성'을 구사하는 동기에 대해 그 역사적 배경을 이렇게 제시한다. 북한이 겉으로 보기에 이처럼 정신병자 같은 행태를 보이게 된 계기는, 그들의 체제 존립을 위태롭게 했던 두 문제를 해결하려는 시도였다는 것이다.

하나는 군사적인 것이다. 공식적으로는 여전히 전쟁 상태에 있는 한반도는 미소 교착 상태에서 냉전이 해체됨으로써 남한에 압도적으로 유리한 상황이 만들어졌고, 북한은 서방과의 관계 개선을 중시하는 변화된 중국에 의해서만 보호될 수 있는 상황에 처했다. 다른 하나는 정치적인 것이다. 한민족 전체를 대표하는 문제에서 경쟁 관계에 있었던 한반도의 두 국가는, 1990년대 들어와 남한이 민주화를 통해 정치적으로 자유롭고 경제적으로 번영하게 되면서 남북한 간 차이가 기하급수적으로 커졌다. 이런 상황에서 북한이 설 자리가 없어져 버렸다.

이 두 문제를 해결하기 위한 해답이 이른바 '선군주의'(先軍主義)이다. 선군주의하에서, 국가의 빈곤은 군사력을 유지하기 위해 불가피한 것으로 정당화된다. 내부의 배반자들을 뿌리 뽑고자 하는 억압도 정당화된다. 그 결과 민족주의 깃발 아래 단결함으로써 취약한 정당성을 항구적인 전쟁 상태로 대체하는 나라가 된 것이다. 북한은 일견 극도의 위험에도 불구하고, 적들을 위협하는 수단으로서 전쟁까지 불사할 의지를 보여 주는 자세를, 의도적으로 활용하고 있다는 것이다.

그러나 이런 전략은 단지 호전성을 보여 주는 것만으로는 부족하고, 그것이 실제로 만들어 내는 위험이 무척 현실적이기 때문에 효과를 갖는다고 해석한다. 한 정치학자는 이를 일종의 '절망의 이론'이라고 말한다. 이런 방식으로 사태를 극히 위험하게 만드는 것이 북한의 합리성이다. 북한은 한반도를 거의 전쟁에 가까운 상태로 유지함으로써만 존립할 수 있다고 믿기 때문에, 그 과정에서 어떤 사고나 오산이 발생한다 하더라도, 그런 사태를 유발하는 위험을 창출하고 있다. 북한은 이런 위험을 알고 있지만, 그 외에 다른 선택이 없다고 믿는 듯하다.

절망의 이론이 의미하는 바는, 북한의 경우 패배할 가능성이 절대적으로 큼에도 불구하고 전쟁을 감수하는 것에 스스로를 결박할 수 있다는 것이다. 핵 공격을 감행할 수 있다고 공언하고, 핵 보복 공격에서도 생존할 수 있는 기회를 만들고자 좌충우돌하면서, 어떤 상황에서도 버틸 수 있음을 과시하는 것이다. 다시 말해, 북한 지도자들의 계산으로는, 다른 선택이 없기 때문에 이런 위험을 감내한다는 것이다. 그 결과 북한 국민은 물론, 북한 밖에 있는 한국과 미국을 포함하는 모든 관련 당사국은 원하든 원하지 않든 이런 위험을 공유할 수밖에 없다.

이상에서 묘사한 북한의 실정과 김정은에 대한 분석은 한국에 살고 있는 우리, 특히 한국의 외교·안보 정책 당국자들의 이해 방식과는 커다란 차이가 있다. 최소한 언론을 통해 볼 때 한국 정책 당국자들이 북한을 이해하는 내용과 북한의 실정 사이에는 너무나 큰 괴리가 존재한다. 지난해 5차 북핵 실험 이후 외무부 장관은 "북한 정권은 최악의 홍수에도 핵실험"을 하니 "참으로 후안무치하다."라고 말했다(〈연합뉴스〉 2016/09/22). 그런가 하면 사드 배치에 대해 한국 정부 당국자들이 "사드, 푸틴은 넘어갔고 시진핑만 남았다."라고 이야기한 것을 언론에서 보면서(『중앙일보』 2016/09/05) 그들이 엄중한 현실을 얼마나 제대로 파악하지 못하고 있는지 다시 한 번 놀라지 않을 수 없었다. 핵실험을 통해, 체제의 존립이 걸린 절체절명의 위기를 벗어나려는 북한의 '결사항전' 상황을 단순히 후안무치라는 말로 표현할 수는 없으며, 뒤에 말하겠지만 사드 배치가 불러온 중국의 무역 보복이 단순한 외교적 대화나 설득만으로 해결될 문제라고 판단할 수도 없다. 우리 정부의 외교정책 담당자들의 상황 인식은 사태의 본질로부터 멀리 떨어져 있을 뿐만 아니라, 북한이나 중국의 상황을 객관적으로 이해하려는 성의조차 없는 것 같다.

3. 한국전쟁의 교훈

: 역사적이고 현실주의적 관점(realist view)에서 본 한중 관계

살아 있는 역사로서 한국전쟁

트럼프 대통령이 북핵 문제에 대응하는 방식과 관련해, 2017년 4월 트럼프-시진핑(習近平) 정상회담은 우리에게 초미의 관심사가 아닐 수 없었다. 북핵 문제가 중요 의제가 된 정상회담에서 시 주석은 트럼프에게 "중국과 북한 관계의 역사를 설명해 줬다."라고 외신은 전했다. 외신들에 따르면, 회담 중 시 주석은 미국이 북한 핵/미사일 기지에 대해 선제적 군사행동을 취할 경우, 그것은 전쟁 위험성을 증가시킬 것이라고 말했다고 한다.

그런가 하면 중국의 왕이(王毅) 외교부장은 "미국과 북한 간의 긴장이 높아져 충돌이 일어날 수 있는 상황"이라고 말하면서, 미국과 북한 쌍방을 겨냥해 "누구든 도발을 한다면 역사적 책임을 져야 할 것"이라고 말했다(〈연합뉴스〉 2017/04/15). 나는 프랑스 대사와 회견하는 자리에서 왕이 부장이 이렇게 발언했다는 뉴스를 읽고, 1950년 9월 한국전쟁 당시 저우언라이(周恩來)가 미국과 중국의 대화 창구였던 베이징 주재 인도 대사 파니카(K. M. Panikkar)에게, 만약 미국이 38도선을 넘어 진격한다면 중국은 참전할 것이라고 여러 차례 경고 메시지를 보낸 사실이 기억

나 한반도 상황에 대해 불안한 생각이 들었다.

　이런 외신 보도를 통해 북핵 문제 해결에 대해 중국이 어떤 태도를 갖는지를 이해하기란 그리 어렵지 않다. 그러나 이 문제를 심도 있게 이해하려면 실제로 중국과 남북한 간의 관계가 역사에서 어떻게 구체적으로 나타났는지를 살펴볼 필요가 있다. 그것은 한국전쟁이 무엇을 의미했는지를 살펴보는 것이다. 미중 정상회담에서 시진핑 주석이 "중국과 북한 관계의 역사"를 말했을 때, 그 역사는 분명 한국전쟁의 의미를 함축하고 있는 것으로 이해된다. 1950년의 전쟁과 2017년의 오늘 사이에는 거의 70년이라는 긴 시간이 놓여 있지만, 전쟁의 의미는 지금의 상황으로 옮겨 온다 하더라도 큰 차이가 없어 보인다. 그때로 돌아가 보자.

38도선을 넘느냐 마느냐

　나는 한국전쟁의 성격과 의미는 두 전환점으로 집약된다고 생각한다. 첫 번째 전환점은 북한의 김일성 정권이 남침을 결정하고 38도선을 넘어 거의 무방비 상태의 한국을 침공해, 분단된 한반도를 통일하기 위해 일사천리로 밀어붙이기 시작한 시점에서 이루어졌다. 그것은 유엔군을 통해 남침을 저지하기로 했던 미국의 신속하고도 즉각적인 결정으로 이어졌다. 그로 인해 유엔군은 부산 교두보를 지키면서 북한군에 대한 반격의 토대를 마련할 수 있었다. 다른 한 전환점은 맥아더(Douglas MacArthur) 유엔군 사령관이 1950년 10월 초 38도선을 넘어, 북한군을 추격해 북한 지역으로 반격을 확대하기로 한 결정이다. 이 두 번째 결정은 한국전쟁 과정에서 가장 중요한 계기로 해석될 수 있다. 그 이유는 이런 것이다.

미군의 지휘하에서 유엔군의 참전 결정은, 제2차 세계대전 이후 초기 냉전 과정의 특징을 결정하는 가장 중요한 계기이다. 이시기 냉전 전략은 국무부 정책 평의회 구성원이었던 조지 케넌(George Kennan)에 의해 제시된 것으로 '봉쇄정책'(Containment Policy)으로 잘 알려져 있다. 유럽·중동·동아시아에 걸쳐 소련 주도하에 전개되는 공산주의 세력의 공세적 팽창을 견제하면서 그들을 봉쇄해야 한다는 정책이다. 따라서 그것은 세계적 수준에서 공산 세력이 팽창하는 것에 대한 수동적 또는 방어적 의미를 갖는 전략 개념이다. 이 틀에서 볼 때, 한국전쟁은 이 시기 소련에 의해 주도되는 공산주의 세력의 팽창의 표현이고, 미국의 즉각적인 개입 결정은, 동아시아에서 공산 세력의 팽창을 방어하는 것을 주목적으로 한다. 이런 봉쇄정책의 틀에서 볼 때 한국전쟁에 대한 미국의 개입은 비교적 단순한 전략적 결정이고, 따라서 결정도 쉬웠다. 공산 침략을 격퇴한다는 의미를 갖는 전쟁은 세계적 수준에서 널리 정당성을 가질 수 있었다. 그러나 38도선을 넘는 것은 이와는 차원이 다른 문제였다.

두루 알다시피 맥아더 유엔군 사령관이 인천 상륙작전에 성공하고, 9월 중순 서울을 탈환하고, 북한군을 추격하면서 38도선에 당도했을 때, 미국은 이 선을 넘느냐 넘지 않느냐 하는 결정을 내려야 했다. 한국전쟁 전체에서 가장 중요한 의미를 갖는 결정은 이를 둘러싼 것이다. 북한군을 38도선 이북으로 격퇴하고 분단선 이남을 복원하는 문제는, 전쟁 개념으로 "전쟁 이전 상태의 복원, 즉 현상의 유지"를 뜻한다. 워싱턴의 트루먼(Harry Truman) 민주당 정부는 현지 사령관인 맥아더 장군에게 분단선을 넘지 말라고 명했다. 그러나 그는 이를 무시하고 10월 초 분단선을 넘어 북한군을 추격하면서 북한 지역으로 북진을 계속했다. 이는 현상 유지에서 '석권'(席卷, Roll-Back) 전략으로의 전환을 의미했다.

그것은 말 그대로 소련이나 그 지원을 받는 공산국가가 혁명이나 전쟁, 어떤 정치권력의 확장을 통해 정치적·군사전략적으로 팽창했을 때 이를 격퇴해 쓸어버린다는 전략이다. 다시 말해 북한의 공산 정권이 북한 지역을 장악하고, 전쟁으로 한반도를 통일하려 했을 때, 단순히 전쟁 이전 상태를 복원하는 것이 아니라, 침략을 감행한 그 정권 자체를 해체 또는 붕괴시켜야 한다는 것이다. 그것은 북한에만 한정되는 것이 아니라 한국전쟁을 계기로, 혁명과 내전을 통해 중국 대륙을 석권하고 새로운 정권을 수립한 공산당 정부를 붕괴시킨다는 전략 이론이기도 하다. 봉쇄정책이 소극적이고 방어적이라면, 석권 전략은 공격적인 것이다. 이 시기 공화당 강경파들에 의해 지지되었던 전략이고, 맥아더 사령관은 이런 비전을 가지고 한국전을 지휘했다. 그는 트루먼 대통령의 반대에도 불구하고, 38도선을 넘어 북한의 공산당 체제를 붕괴시켜 한반도를 통일하려는 자신의 비전을 관철하고자 북진했다.

이 결정이 중요한 것은, 38도선 이북으로 전쟁이 확전되면서 중국의 참전을 불러왔으며, 제2차 세계대전 이후 소련의 정치적 팽창과 군사적 위협하에 있던 제2차 세계대전의 승전연합군 구성원인 영국·프랑스를 필두로 한 유럽 국가들의 격렬한 반대를 불러올 수밖에 없었기 때문이다. 북진하는 유엔군 선발대는 늦가을 평안북도 압록강변 초산에 도달했고, 중공군은 이 시기 이미 북한 지역 안으로 들어와 있었다. 이처럼 유엔군의 배후를 장악하고 있던 중공군을 격퇴하기 위해서는, 그 배후 기지인 중국 본토와 만주 지역을 더 강력한 공군력으로 공격할 수 있어야 했지만, 전장의 유엔군만으로는 수십만 명의 중공군에 대응하기에 역부족이었다. 중국 본토에 대한 공격은 동아시아 전체로의 확전은 물론, 소련군의 서유럽 침공 가능성을 열어 놓기 때문에 제3차 세계대전을 불러올 가능성이 컸다. 그러므로 북한 지역에서 싸우는 유엔군이 확전을 위한 미국 본국의 지원을 얻지 못할 경우, 후퇴 이외에는 다른 선택이 없었다. 유명한 흥남 철수 작전도 이 과정에서 있었던 일이다. 그로 인해 미군은 미군 역사상 최장거리의 후퇴를 감내해야 했고, 맥아더 사령관은 다음 해 4월 대통령에 의해 해임되었다. 요컨대 한국전쟁은 세계적 확전의 입구에서 중지된 것이다.

지정학적 차원이 결정적인 이유

중국은 왜 한국전쟁에 참전했는가? 그 의미는 무엇인가? 중국이 한국전쟁에 참전한 것은 공산당이 국공 내전에서 승리해 1949년 10월 1일 톈안먼에서 새로운 공산당 정부 수립을 선포한 지 꼭 1년 만의 일이다. 신생 공산당 정부는 장기간의 중국 내전으로 피폐해진 중국민들과 허약해진 군사력을 복원하고 그들에게 활력을 불어넣어야 했다. 또한 이른바 '타이완 해방'을 종결지어 완전한 중국 통일을 실현해야 하는 과제를 안고 있었다. 이런 시점에서, 미국과의 전쟁을 위해 한국전쟁에 참전하는 중대 문제를 결정해야 했다.

중국 지도부 사이에서 많은 논쟁이 있었고, 많은 반대가 있었지만 마오쩌뚱과 저우언라이가 앞장서 참전을 주장했기 때문에 참전이 결정될 수 있었다. 그 결과 그들은 무엇보다 타이완 해방을 포기해야 했다. 타이완을 마주보는 안후이(安徽)성 일대에 배치되었던 인민해방군 주력이 그해 여름 압록강 연안으로 이동했다. 중국 대륙과 타이완 해협의 전략적 요충인 진먼다오(金門島),

마주다오(馬祖島) 사이 포격 거리에 있는, 통로가 아주 좁은 해협에 미국 7함대가 배치되어 중공군의 타이완 침공을 방어하고 있었던 상황에서 내린 결정이다. 왜 그랬을까?

새로 수립된 중국 공산당 정부는, 당장의 타이완 해방을 포기하거나 훗날로 미루는 한이 있더라도 북한이 미군에 의해 해방되고, 한반도에 통일 정부가 수립돼 미국의 직접적인 영향에 놓이는 상황을 허용할 수 없었다. 그것은 미국의 직접적인 지원을 받는 강력한 적대 국가가 압록강과 두만강을 사이에 두고 병립하게 되는 사태를 의미했기 때문이다. 만주/동북3성은 물론 베이징, 톈진(天津)이 위치한 허베이(河北)성과 산둥(山東)성 일대의 중국 심장부가 지근거리에서 한반도를 마주 대하게 되므로 결정적인 전략적 취약성을 안게 될 것이었다.

더욱이 당시 중국 지도부는 미국이 한국전쟁을 계기로 석권 전략을 실천에 옮겨 신생 중국 공산당 정부를 공격한다면, 체제 자체가 위태로워질 것으로 판단했을 법하다. 이런 상황에 처한 중국이 어떤 희생을 감수하고라도 현재와 미래의 체제 안전을 유지하고자 참전하게 되었다는 사실을 이해하기란 어렵지 않다. 한국전쟁만큼 북한이 중국에 대해 '순망치한'의 관계임을 잘 보여 주는 것은 없다. 어떤 희생을 무릅쓰고라도 한국전에 참전하기로 결정한 중국의 입지는, 현재 한반도를 중심으로 벌어지고 있는 북핵 위기 시점에서 중국과 북한, 중국과 한국과의 관계가 어떤 것인가를 보여 주는 매우 중요한 실마리이다.

이제 다시 현재의 시점으로 돌아와 보자. 현재 중국과 북한, 중국과 한국 간 관계의 수준은 두 차원에서 살펴볼 수 있다. 하나는 일상적인 외교 또는 경제 관계를 통해 나타나는 관계가 우호적이라거나 적대적이라고 말하는 수준이 있다. 그것은 보통의 현상적 관계의 수준이다. 다른 한 수준은 현상으로 나타나는 관계가 어떠하든 국제 관계의 체제적 차원에서 또는 지정학적(geo-politics) 차원에서 작용하는 좀 더 근본적인 군사안보적·이데올로기적·경제적 이해관계가 작용하는 차원이다.

우리가 지금 중국과 북한의 관계가 좋다거나 나쁘다거나 심지어 적대적이라고 말할 때 그것은 첫 번째 수준에서 그러하다. 중국의 지도부, 지식인 엘리트층은 오늘의 북한 체제에 대해 결코 우호적이지 않으며, 북한보다 한국을 더 좋아하는 것이 분명해 보인다. 중국은 국가자본주의적 형태를 갖는다 하더라도 시장경제와 자본주의 체제를 선택했고, 산업 발전으로 경제 수준과 그와 동반하는 지적·문화적 생활양식과 취향이 북한보다는 한국과 훨씬 가깝다. 그러나 그렇다고 그것이 전부라고 혼동하지는 말아야 한다. 두 번째 지정학적 차원에서의 관계를 보지 않으면 안 되기 때문이다.

보이지 않는 체제적 수준에서, 중국과 북한은 상호 필요 관계에 있다. 중국이 북한을 절대적으로 필요로 하기 때문에, 북한은 사실상 중국 때문에 존재하는 국가라고 할 수 있다. 이와 달리 중국과 한국의 관계는, 결정적인 군사·안보 전략적 수준에서 이해관계가 충돌할 때 상호 의존적 관계가 지속되지 않을 수 있다. 이 수준에서 중국과 북한의 관계는 중국과 한국의 그것에 비할 수 없이 중요하다. 이 두 수준이 얼마나 엄청난 차이가 있는가는 한국의 사드 배치를 둘러싼 문제, 즉 한미 정부가 사드 배치에 합의한 것이 불러온 중국의 대한국 무역 보복을 통해 극명하게 드러난다.

앞에서도 외교 당국자의 말을 인용하면서 언급했듯이, 우리는 그동안 사드 배치 문제를, 한중 간 경제적·문화적·외교적 교류 확대를 기초로, 외교적 차원에서 설득할 수 있는 문제라고 생각해 왔다. 그러나 나의 관점에서 이 문제는 그런 수준에 있는 이슈가 아니다. 중국의 군사전략적 이해관계가 한국의 사드 배치와 정면으로 충돌하기 때문에, 그것은 일반적 외교의 차원이 아니라 지정학적 차원의 문제이다. 이 문제를 미국의 경우로 바꾸어 생각해 보자. 예컨대 미국과 군사전략적 이해관계가 충돌하는 어떤 경쟁적 국가 혹은 암묵적으로 적대적인 국가가 뉴욕·워싱턴을 포함해 미국 동북부 심장부와 지근거리에 있는 캐나다의 노바스코샤주나 쿠바 같은 곳에 고성능 전자 감시망과 미사일 방어 기구를 설치한다면 허용될 수 있을까? 그러므로 사드 배치 문제는, 중국과 한국 간의 군사전략적 이해관계를 조정하거나 변화시킬 수 있는, 동북아의 국제정치적 맥락에서 접근되어야 할 중대 문제가 아닐 수 없다.

한국전쟁은 공산주의 체제를 확립한 북한이 무력으로 민족적 정당성을 독점하려는 시도였다. 이 점에서 전쟁은 국내전이다. 그러나 전쟁터가 한반도라고 해도 다른 측면에서 그것은 국내전이 아니었다. 전쟁의 시작과 함께 유엔군이 참전했고, 그와 더불어 이 전쟁은 개전 즉시 미소 냉전 체제적 틀을 갖는 냉전 시기 최대의 국제전으로 변했다. 3년간의 전쟁이 군사적 측면에서 중요했던 것은 첫 1년이었고, 나머지 2년은 고지 하나를 점령하기 위해 수많은 병사들이 희생된 진지전이었다. 병사의 생명과 관련해 이 시기가 훨씬 중요하다. 남북한 각각을 위해 싸운 대부분의 병사들이 이 시기에 죽었기 때문이다.

한국전쟁은 이 시기에 민간인들을 포함해 남북한 전체 인구의 10퍼센트에 육박하는 2백만 명이 사망했다. 그중 많은 사람들이 공중폭격으로 사망했다. 제2차 세계대전과 베트남전쟁보다 전체 인구 대비 희생자 비율이 훨씬 높은 전쟁이었으며, 현대의 그 어떤 전쟁보다 밀도 높은 죽음을 불러왔다. 그런데 이 처절한 전쟁이 끝났을 때 우리는 무엇을 보게 되었을까? 38도선이 휴전선으로 바뀐 것 말고 아무것도 변한 것이 없었다. 우리는 이렇게 많은 희생을 치르고도 그 자리에 서 있다.

한국전쟁이 남긴 가장 분명한 교훈은 이 땅에 다시는 전쟁이 일어나서는 안 된다는 것이다. 이것은 북핵 위기가 고조되고, 한반도에서 또 다른 무력 충돌의 위험이 그 어느 때보다도 높은 오늘, 우리가 평화를 추구하려는 노력을 시작하지 않으면 안 되는 이유이다. 누군가 이 시점에서 무력을 통해서라도 민족문제를 해결해야 한다고 역설하는 사람이 있다면, 그가 알아야 할 것은 한반도의 지정학적 조건은 전쟁으로도 통일이 불가능하다는 사실이다.

4. 미국과 중국, 일본 사이에서 가능의 공간을 찾아 넓혀야 한다

독자적인 외교 주체가 되어야 하는 이유

전후 냉전 시기에나 현재의 탈냉전 이후 시기에나, 동북아시아 국제정치 질서에서 한국은 자국의 이익을 추구하고 이 틀 내에서 일정하게 영향을 미칠 수 있는 독립적인 플레이어가 아니다. 분단국가가 수립된 이후 그런 적은 한 번도 없었다. 한국전쟁의 종결을 위해 휴전협정을 체결할 때에도 법적 측면에서 전쟁 당사자는 유엔군이었다. 그 결과 한국은 북한과 달리 휴전협정 체결에서도 조인 당사국이 아니다.

한반도에서 남북 분단이 사실상 확정되어 두 개의 주권국가가 존재한다면, 그들 각각은 실체적으로뿐만 아니라 법적으로도 주권국가이고, 또 주권국가이기 때문에 독립적인 플레이어가 되어야 한다고 믿는다. 예컨대 분단된 동서독의 경우를 보자. 미국과 소련, 영국, 프랑스 등 승전 4개국은 포츠담회담에서 독일의 영토를 분할하고 '오데르-나이세 선'(Oder-Neisse Line)을 폴란드와 접경하는 동쪽 독일의 국경선으로 정했다. 하지만 그 결정이 완전히 유효하기 위해서는 그 뒤 동서독으로 분단된 독일이 각각 그 선을 국경선으로 승인하는 조약을 체결하지 않으면 안 되었다. 동서독은 1972년 12월 21일 동서독 기본 조약을 체결했고, 서독연방의회는 1973년 6월 6일 이 조약에 대한 동의 법률을 의결했다

같은 논리로, 만약 한국이 국제법적으로 전쟁을 종결하고자 한다면 한국은 관련된 협정이나 조약 체결의 당사자가 되어야 마땅하다. 한 나라가 주권국가라고 한다면, 실제로 또 실체적으로 그 국가는 자신의 안보와 관련된 국제정치적 결정이 이루어질 때, 혹은 그런 결정에 영향을 미치는 과정에서 독자적인 플레이어로서 일정한 역할을 하지 않으면 안 될 것이다. 현재의 북핵 위기에 대응하는 문제도 그렇고, 앞으로 남북한이 그 어떤 형태의 평화적 관계를 발전시키는 노력을 기울인다고 가정할 때도 그렇다. 그때 남북한이 각각 독립적인 플레이어가 되지 않고서, 냉전이 만들어 낸 체제를 벗어나는 것은 물론 그 이후 새로운 체

제를 만드는 데 이르는 과정에서 우리의 안보를 지키고 평화를 지향하는 일이 가능하기나 할까?

특히 트럼프 정부가 등장해 "미국 우선주의를 통한 방어적 국민주의(nationalism)"를 내세우고, 국제적 자유주의가 전제했던 규범들을 존중하지 않는 정책을 들고 나오면서 동맹국들을 당황하게 하는 등 커다란 혼란을 불러오고 있는 상황에서 이 문제는 더욱 중요하다. 최근 '국제적 자유주의'를 대표하는 미국 프린스턴 대학의 국제정치학 교수이자 국무부 정책평의회 위원을 지내기도 했던 존 아이켄베리(John Ikenberry)는 초기 트럼프주의를 "전후 미국의 지구촌적 프로젝트의 핵심적 신뢰들에 대한 전면적 공격"이라고 비판하기도 한다.• 현재 트럼프 정부는 한국을 비롯해 가장 가까운 동맹국들에게 군사 방위에 대한 부담을 지불하라고 요구하고 있다. 이런 맥락에서 사드 배치에 대한 비용이 문제로 등장하고 있는 것이다. 외교·안보 전략에 관한 한 완벽하게 미국에 의존하고 있던 한국으로서는 충격이 그 어느 나라보다 크다. 한국이 스스로 외교·안보 정책을 강화하고, 이를 기반으로 북한과의 평화 관계를 발전시켜 나가지 않으면 안 되는 일대 전환을 요구받고 있는 상황이다. 이런 전환점에서 우리

• G. John Ikenberry, "The Plot against American Foreign Policy : Can the Liberal Order Survive?", *Foreign Affairs* Vol.96, No.3, May/June 2017, p. 4.

는 냉전 이후 동아시아 국제정치 변화를 이해하고, 지난날의 문제를 재점검한 위에 한반도 평화 질서의 비전을 탐색하지 않으면 안 된다.

'독수리와 용 사이에서'

김대중 정부가 추진했던 햇볕 정책은, 2000년대 초 미국 부시 정부의 출범과 네오콘이 주도한 대외 정책으로 말미암아 사실상 조기에 중단되었다고 할 수 있다. 우리는 한반도 문제를 다루는 데 있어 독자적인 플레이어일 수 없었기 때문이다. 햇볕 정책은 김대중 대통령의 비전과 그것을 실행할 대북 정책 프로그램이었다. 그러나 이를 실제로 실행하려면 한반도를 포함하는 동북아시아 전체에 대한 미국의 정책 틀 안에서, 그것과 궤를 같이해야만 한다는 한계가 분명했다.

햇볕 정책은 클린턴 정부 시기인 1990년대 말 '페리 프로세스'(Perry Process)의 중심 내용을 구성하는 것으로, 그 틀 안에서 구체화된 것이다. 그 결과 분단 이후 처음으로 2000년 6월 한국 대통령이 북한을 공식 방문할 수 있었다. 그렇지만 미국의 정책이 바뀔 때, 한국의 대북 정책은 난관에 직면했고 좌초될 수밖에 없었다. 미국이 아무리 우리의 맹방이고, 미군과 핵우산을 통해 북한의 위협을 방어해 준다 하더라도 미국이 우리 문제를 완전히 해결해 줄 수는 없다. 한국의 대외 정책과 목표는, 미국의 범위 안에서 움직인다 하더라도 미국의 이해관계와 완전하게 일치하지 않을 수 있다. 햇볕 정책은 그 대표적인 사례였다.

동북아 국제정치 질서에서 한국이 독자적인 플레이어로서 행위하려면, 나아가 우리가 남북한 간 군사적 적대 관계와 북한의 핵무장화를 극복하면서 어떤 새로운 질서, 즉 한반도에서 어떤 형태의 평화 질서를 만들기를 희구한다면, 먼저 냉전 이후 현재의 동북아 국제정치 질서의 특성을 이해해야 한다. 이를 위해 두 문헌을 살펴보자. 하나는 지난해 출간된 아이켄베리의 논문, "독수리와 용 사이에서 : 동아시아에서 미국과 중국, 그리고 중간 국가의 전략"이다.● 다른 하나는 영국 『파이낸셜 타임스』의 국제정치 담당 부장이며 외교 문제 수석 칼럼니스트인 기디언 래치먼(Gideon Rachman)의 저서 『아시아화 : 아시아의 흥기와 미국의 쇠락, 오바마부터 트럼프까지 그리고 그 너머』이다.●●

먼저 아이켄베리의 "독수리와 용 사이에서"를 보자. 그에 따르면, 동아시아 지역 질서는 냉전 시기를 지배했던 미국 주도의

● G. John Ikenberry, "Between the Eagle and the Dragon : America, China, and Middle State Strategies in East Asia", *Political Science Quarterly* Vol.131, No.1, 2016.

●● Gideon Rachman, *Easternization : Asia's Rise and America's Decline from Obama to Trump and Beyond* (Other Press, 2016).

헤게모니 질서로부터, 좀 더 복합적인 질서로 이해될 수 있는 '이중 위계질서'(dual hierarchy)로 이행 중이다. 새로운 동아시아 국제정치 질서는 단순히 미국 헤게모니에서 중국 헤게모니로 전환하고 있는 것이 아니다. 이 새로운 질서에서는 어떤 패권적 국가도 이 지역을 독점적으로 지배할 수 없다. 이 지역에서 중국이 지배적인 군사 강국이 되기 위해 힘으로 밀어붙이려 한다면 지역 내의 약한 중간 국가들은 미국을 다시 이 지역으로 더 끌어들이려 할 것이다. 그러므로 이 지역은 헤게모니적 질서와 세력균형적 질서의 특징을 동시에 갖는다. 미국과 중국은 각기 이 지역 국가들이 원하는 서비스를 제공하려고 경쟁하게 된다. 그럼에도 아이켄베리는 이 지역에서 미국과 중국이 중심이 된 전면적인 세력균형 경쟁이 나타나기 어려운 이유를 다음의 세 가지 요소에서 찾는다.

첫째, 이 지역의 중간 국가들은 미국과 중국 모두에 연대하게 된다. 그들은 안보를 위해서는 미국에 의존하고, 중국에 대해 일반적으로는 견제력을 가지려 하지만 무역과 투자를 위해서는 점점 더 중국과 연대하게 된다. 그들은 두 나라 모두와의 관계로부터 이득을 얻는다. 사드 배치 결정 이전 상황에서 말한다면, 한국은 미국과 중국 사이에 위치하면서 안보는 미국과, 경제 교역과 문화 상품 교류는 중국과 더 가까운 관계가 되었다.

둘째, 중국의 전략적 딜레마다. 만약 이 지역에서 중국의 외교

정책이 너무 공격적이고 호전적이라면 반작용을 불러올 것이다. 이 현상은 새로 부상하는 강대국이 갖는 일반적인 문제이기도 하다. 지금 중국은 경제성장과 군사적 현대화를 통해 점점 더 강해지고 있다. 중국의 전략적 딜레마는 이런 상황이 이 지역 국가들을 점점 예민하게 만들고 있다는 것이다. 남중국해에서 중국과 베트남/필리핀 간의 분쟁, 동중국해에서는 센카쿠(尖閣)/댜오위(釣魚) 열도*를 둘러싼 일본과의 영토 분쟁, 그리고 한반도에서 북한에 대한 중국의 지원 정책 등이 대표적이다. 이런 위기는 결과적으로 해당 국가들과 미국 간의 동맹을 강화하거나 재확인하게 한다.

셋째, 미국과 중국은 넓은 정책 문제 영역들에서 상호 의존적이고 상호 취약하다. 국제금융, 세계무역, 지구온난화, 에너지 안보, 핵 테러 등에서 그렇다. 미국과 중국은 단순한 지역 내 경쟁 국가들이 아니다. 그들은 공히 지구적 차원에서 강대국이며, 넓은 영역에서 이해관계를 공유하고, 큰 정책 이슈들에 대해 공동협력자이다. 경제와 안보의 상호 의존적 조건하에서 두 나라는 그들 사이에 서로 중첩되는 전략적 환경을 안정화하고 운영하는 데 점점 더 큰 인센티브를 갖지 않을 수 없게 되었다.

---

* 일본에서는 센카쿠로, 중국에서는 댜오위로 부른다.

이상에서 보듯, 아이켄베리가 요약하는 동아시아의 국제정치 질서는, 분명 냉전 시기 세계적 수준에서 실현된 양극체제(bi-polar) 내지 미국 중심의 단극 체제(unipolar)에서 볼 수 있는 경직적이고 패권적인 위계질서와는 근본적으로 다르다. 그가 '이중의 위계질서'라고 특징짓는 동아시아의 국제정치 질서는 지역에 존재하는 중간적 국가들이 독자적으로 행위할 수 있는 유동적이면서도 넓은 가능의 공간을 열어 놓는다. 그것은 극한 대립으로 분쟁의 원천이 되고 있는 북한을 평화의 질서로 끌어들일 수 있는 큰 인센티브를 제공하는 면이 분명 있다. 그리고 이는 한국이 남북한의 상호 공존을 통해 평화 질서를 만들고자 진력할 때 유용하고도 큰 '가능의 공간'이 있음을 의미한다.

이를 위해 한국이 할 수 있는 한 가지 역사적 선택은 핵무장화 중단과 북한의 체제 존립을 교환하는 것이다. 북한은 체제 존립의 우려에서 벗어나는 정도에 따라 체제를 외부에 개방할 가능성도 높아질 것이다. 여기에서 경제적 개방, 경제 교류의 범위가 정해질 수 있다. 그러나 한국의 입장에서 북한의 존재, 북한 체제를 인정하는 문제는, 통일에 이르는 동서독 관계에 비교한다면, 동서독 통일 과정에서 서독이 오데르-나이세 선 동쪽의 영토를 포기하는 것만큼이나 어려운 것일지 모른다.

한국의 보수파들에게는 특히 그러하다. 그들은 북한의 존재 자체를 인정하지 않고, 평화공존의 전제를 인정하지 않는다. 그러나 그렇지 않고서 한반도에서 평화공존을 실현하는 것은 불가능하다. 미국 또한 이 교환 이외에는 다른 선택이 없으리라는 점을 서서히 터득할 것으로 생각한다. 북한의 입장에서 핵무장화가 체제를 인정받기 위한 필사적 조건을 만드는 것이라면, 중국이 여기에 반대할 이유도 없을 것이다.

북한 핵무장화의 동결, 나아가 한반도의 비핵화를 향한 핵의 폐기와 체제 존립을 교환하는 문제는 동북아 지역의 모든 이해 당사자를 이롭게 한다고 믿는다. 나의 관점에서 볼 때, 한일 관계는 이 과정에서 극히 중요하다. 따지고 보면 이 지역에서 한국과 일본은, (우리의 민족 감정과 정면으로 충돌하는 위안부나 독도 문제를 제외하고) 안보 이해가 불러오는 갈등과 충돌이 가장 적은 나라이다. 북한의 핵무장화에 의해 가장 큰 위협을 받는 국가는 한국과 일본이다. 그리고 한반도, 센카쿠/댜오위 열도, 남중국해를 포함하는 동아시아에서 중국의 군사전략적 팽창에 대응하는 데 공동의 이해관계를 갖는 미국-일본 동맹 관계에서, 플레이어로서 한국의 역할은 결코 작다고 말할 수 없다. 그리고 미국에 의존해야 하는 한국에게 일본은 핵심적인 우군의 역할을 할 수 있다.

동아시아에서 미국의 독점적 헤게모니는 실현될 수 없다

기디언 래치먼의 『아시아화』는, 냉전 해체 이후 세계 질서를 지배해 왔던 미국의 헤게모니적 권력이 최근 들어 뚜렷하게 쇠락하는 동안 중국이 빠른 속도로 그에 균형을 이루고, 나아가서는 이를 대체하는 국제정치적 변화를 중심 주제로 다룬다. 세계사적 수준에서 볼 때, 그것은 서구가 선도했던 근대화와 제국주의를 통한, 서구의 세계 지배가 끝나고, 중국과 그 뒤를 이어 인도가 중심이 되는 아시아로 헤게모니가 이동하는 세계사적 맥락을 통해 설명된다.

래치먼은 부와 권력을 기반으로 세계 전역의 지배적 힘이 어떻게 등장하고 쇠락했는지와 관련해 그 다이내믹스를 포괄적으로 다루면서, 동아시아에서 쇠락해 가는 미국과 새로운 강대국으로 등장하고 있는 중국과의 힘이 부딪치는 지점들에 초점을 맞춰 논의를 전개한다. 반면 앞서 살펴본 아이켄베리는 '국제적 자유주의'의 관점을 대표하는 이론가답게, '이중의 위계질서'로 특징짓는 동아시아 국제정치 질서가 상당한 안정성을 유지할 수 있다고 본다. 그와 함께 이 질서의 공동 운영자인 미국과 중국 간의 역할 분업이 순기능적으로 잘 이루어질 수 있다는 낙관적 비전을 보여 준다.

그러나 그동안 냉전 체제로부터 트럼프 정부가 등장할 때까지 작동해 온 미국의 국제적 자유주의의 헤게모니가, 아이켄베리가 말하는 것처럼, 앞으로도 순기능적으로 작동하면서 이 지역에서 안정성을 유지할 수 있을까? 래치먼의 해답은 (쿠바 미사일 위기에 관한 저서로 유명한 하버드 대학 정치학자 그레이엄 앨리슨이 말하는 '투키디데스의 함정'이라는 표현이 책의 부제인 데서 알 수 있듯이) 부정적이다.● 래치먼이 보기에 동아시아 질서는 안정적이 되거나 쉽게 평화가 구현되리라는 보장이 없다. 국제정치 질서의 전환기에 미국과 중국 간의 무력 충돌 위험성이 분명히 도사리고 있다. 래치먼은 그 징후로, 시진핑이 언급한 '투키디데스의 함정'을 예로 든다. 2015년 9월 22일 미국 시애틀을 방문한 시진핑은 "색안경을 끼고 상대방을 바라봐서는 안 된다. …… 투키디데스의 함정은 세상에 없는 것이지만 대국 간에 전략적으로 오판하면 함정에 빠질 수도 있다."라고 말한 바 있다. 의도적으로 중국과 미국 간의 충돌 위험성을 경고한 것이다. 래치먼은 한반도에서, 동중국해의 센카쿠/댜오위 열도, 남중국해, 타이완에서 미국이 공공연하게 군사적으로 중국을 견제한다면, 중국이 적극적으

● Graham Allison, *Destined for War : Can America and China Escape Thucydides's Trap?* (Houghton Mifflin Harcourt, 2017). '투키디데스의 함정'은 스파르타와 아테네 간에 벌어진 펠로폰네소스전쟁에서 비롯된 말이다. 기존의 국제정치 질서를 지배했던 패권 국가의 힘은 쇠락하고, 새로운 신흥 강대국이 등장함에 따라 두 강대국 사이에서 발생하는 높은 전쟁 위험 가능성을 뜻하는 말이다.

로 대처하겠다는 결의를 공개적으로 표명한 것으로 이해한다.[•]

우리는 지금 트럼프 정부의 한반도 사드 배치 문제를 둘러싸고, 무역 보복을 포함하는 외교적 압력을 통해 중국이 어떻게 대응하고 있는가를 직접 체험하고 있는 중이다. 북한 문제와 관련해 그동안 미국은 중국으로 하여금 북한 핵 문제를 해결하도록 압력을 가하는 정책으로 일관해 왔지만, 중국은 북한에 대한 자신들의 영향력을 부정해 왔다. 진실은 이런 것이다. 그들은 북한이 위기를 불러올 것을 걱정한다. 항상 문젯거리라는 것도 인정한다. 하지만 그럼에도 불구하고 북한이 여전히 동맹 국가로 남아 있기를 바란다.

미국의 영향력이라는 관점에서 래치먼이 책에서 말하고 있는 요점도 중요하다. 트럼프는 국제 관계를 경제적 이익 경쟁이라는 관점에서 바라본다. 그래서 미국 우선주의를 앞세우면서 외교·안보 문제를 경제 이익과 결부시킨다. 그런데 이런 트럼프 외교의 기조는, 이미 쇠락하고 있는 미국의 헤게모니를 더욱 확실하게 약화시키리라는 것이 래치먼의 진단이다. 그동안 미국 헤게모니와 서구 중심의 세계 지배 질서는, 무엇보다 미국과 서유럽이라는 두 축을 중심으로 유지될 수 있었는데, 미국 제일주의

• Rachman, *Easternization*, p. 20.

를 앞세우는 트럼프식 외교는 유럽을 적대시함으로써 서구 동맹을 해체하는 결과를 가져올 것이기 때문이다.

요컨대 어떤 관점에서 보더라도 한반도에서 무력 충돌을 제어하고 평화와 공존의 질서를 만들어 가는 데 있어 한국의 외교정책이 발휘할 수 있는 가능의 공간은 전보다 더 넓으며, 그런 목표를 위해 한국은 독자적인 외교 플레이어로서 역할이 요구된다. 그래야 전쟁을 막고 평화를 얻을 수 있다.

5. 보수와 진보의 컨센서스가 중요하다

: 독일 통일로부터 배울 수 있는 교훈

국내적 정치 기반 없이 외교정책의 전환은 어렵다

남북한 간의 민족문제를 접근할 때 가장 중요한 것은 국내에서 보수/진보 간 또는 좌/우 간 컨센서스를 형성하는 것이다. 그러지 않고 민족문제를 다루는 방향에서 큰 전환은 불가능하다. 요컨대 한반도에서 남북한 간 적대 관계를 평화공존으로 전환하기 위해서는, 국내의 이데올로기적 갈등을 완화하는 것이 절대적으로 필요하다. 평화공존을 향한 변화는, 국내의 강력한 정치적 기반이 이를 뒷받침해 주지 않는 한 지속되거나 시작될 수도 없다는 사실을 우리는 햇볕 정책이 실패하는 과정에서 실제로 경험한 바 있다.

북한과의 평화공존, 화해협력을 추구했던 김대중-노무현 정부는 그것을 지속할 수 있는 국내적 지지 기반을 갖지 못했다. 민주화 이후 정치적으로 다소 약해진 보수 세력이 진보적인 정부의 연이은 등장으로 위축돼 있었던 시기에, 미국 부시 정부의 등장은 그들을 고무하기에 충분한 국제 환경적 변화였으며, 시민 사회에서 보수 세력의 정치화를 불러왔다. 김대중 정부를 뒤이은 노무현 정부는 동북아 이해 당사국들로 이루어진 6자 회담을 발전시키면서 남북한 간 데탕트 정책을 추진했다. 이 점은 노무현 정부의 큰 기여가 아닐 수 없다. 그러나 노무현 정부는 외적으로 미국의 부시 정부, 내적으로는 더 강화된 국내 보수 세력의 비판으로 엄청난 제약에 직면했다. 그리하여 한국 사회는 다시 이데올로기적으로 양극화되었다. 남북한 간의 갈등이 한국 사회 내부로 옮겨와 재현되는 것을 의미하는 '남남 갈등'은 더 강해졌다. 분단된 한국 상황에서 안보 이슈만큼 갈등적이고 분열적인 것은 없다.

한국 사회에서 민족문제를 다루는 방법에 관한 한, 냉전 시기에 우리와 같은 분단국가로서 통일을 성취한 독일만큼 비교하기 좋은 모델 사례는 없을 것이다. 동서 냉전의 최전방에 위치한 두 나라의 분단이 역사적·정치적 배경에서 비교할 수 없을 만큼 다르다 하더라도 그렇다. 1990년대 말 김대중 전 대통령이 남북한 간의 평화공존, 화해협력을 중심으로 대북 정책의 획기적 전환을 추구한 '햇볕 정책'은 그의 트레이드마크였는데, 그것은 빌리 브란트의 '동방 정책'(Ostpolitik)의 영향을 받은 바 컸다. 그러나 현시점에서 분명히 볼 수 있듯이, 두 나라에서 각각 민족문제/통일문제를 다루었던 방식과 결과는 완전히 다르다.

독일은 통일을 성취했고, 그와 병행해 세계적 수준에서 냉전 체제는 완전히 붕괴되었다. 그러나 한국에서는 통일은 고사하고 남북한의 냉전적 대립이 냉전 해체 이후 더 고조되었으며, 미국의 정권 교체기에 북한의 핵 문제가 급진전하면서 전쟁 위험이 고조되어 현재에 이르렀다. 햇볕 정책은 완전히 실패했다. 무엇이 잘못되었을까? 이는 '한국은 왜 독일과 달랐는가'라는 질문과 같다.

이명박 정부하에서 햇볕 정책의 반전은 분명했다. 보수 정부의 대북 정책은 북한의 체제 붕괴를 전망하면서 흡수통일을 추구하는 것으로 요약할 수 있다. 냉전 시기 대북 정책의 근본으로 회귀하는 것이 아닐 수 없다. 대북 강경 정책으로 전환하기 위해 보수 정부는 앞선 두 정부의 남북한 간 평화공존, 화해협력 대북 정책의 문제점을 드러내면서, 그 한계를 지적하고 그 정책의 무용함을 밝히는 것이 무엇보다 필요했다. 햇볕 정책의 실패를 말하는 그들의 논거는 이런 것이다. 햇볕 정책이 추진되었던 시기 남북한 간 관계는 그 어느 때보다도 화해 분위기가 높았고 긴장도 완화되었지만, 다른 한편 서해상 '북방 한계선'(Northern Limit Line, NLL)을 침범한 북한 함정과 교전이 있었고, 북한 내부적으로는 핵무기를 지속적으로 개발하고 있었다는 것이다. 북한의 5차 핵실험 이후 박근혜 대통령이 말했듯, "북에 대화를 위해 준 돈, 시간이 지금의 결과를 초래"했다고 보는 것이다.

보수파들이 이해하지 못하거나 이해하려 하지 않는 것은, 국제정치 체제 수준에서 북한이 국가로 인정받지 못하는 데서 비롯된 그들의 공격성이다. 북한의 입장에서 말한다면, 이런 국제관계 차원에서의 근본적인 문제가 유지되는 조건에서는 남북한 간 쌍방적 수준에서의 화해 분위기라든가 평화공존은 남북한 사이의 관계 이상의 의미를 갖지 못한다. 이는 미국으로부터의 체제 인정과 보장이 걸려 있는 국제정치 체제 수준에서의 문제와는 다른 차원이다. 북한 측으로서는 한두 번의 정상회담과 남북한 간의 화해 분위기, 남한의 평화 공존 정책, 또는 민간단체의 대북 지원을 통한 우호적 정책이 그들의 체제 안정을 보장해 준다고 믿지 않을 것이다. 그런 측면에서 볼 때만 그들의 행태가 이해될 수 있다.

독일은 무엇이 달랐는가

분단국가에서 민족문제를 풀어내는 데서 한국과 독일은 극명한 차이를 보여 준다. 그것은 이 문제에 대한 컨센서스가 있느냐 없느냐 하는 것이다. 컨센서스가 없는 사회에서 민족문제를 둘러싼 이슈는 정치적·이데올로기적 갈등의 원천이 되면서 사회를 분열시킨다. 이런 조건에서 정당 체계 자체가 순기능적으로 발전하기 어렵고, 오히려 민주주의 자체를 제약하는 조건이 된다. 한국은 그 전형적인 사례를 보여 준다. 그렇다면 독일이 컨센서스를 형성하는 데 성공할 수 있었던 요인은 무엇인가?

독일이 민족문제를 다루는 방법과 그것을 통해 통일을 성취하는 데 있어 브란트의 '동방 정책' 못지않게 중요한 것, 실제로 그보다 더 중요한 것은, 기민당의 아데나워 총리가 이 문제를 접근했던 방식, 즉 그의 리더십이 아닐까 생각한다. 두루 알다시피 1960년대 초 이래 빌리 브란트가 발전시킨 '동방 정책'의 아이디어와 정책 프로그램은 1969년 총선을 통해 성립된 사민당-자민당 소연정에 의해 본격적으로 추진되었고, 1972년 동서독 기본조약의 체결로 실현되었다. 동방 정책의 성공을 위한 결정적인 계기는, 동방 정책을 승인하느냐 않느냐 하는 단일 이슈를 중심으로 경쟁했던 1972년 총선에서의 승리였다. 이 총선에서 승리하지 못했다면, 동방 정책은 그런 내용으로 성공하기 어려웠을 것이다.

　동방 정책이 왜 어려운 문제였고 역사적으로 중요한가는, 독일-소련, 독일-폴란드 간의 조약을 위해 종전 이후 승전 연합국에 의해 그어진 오데르-나이세 선을 독일-폴란드의 새 국경선으로 영구적으로 받아들일 것인가 하는 결정을 담고 있기 때문이다. 그것은 전전 독일 영토의 4분의 1을 포기하는 것이었다. 프러시아 이래 독일이 추구해 왔던 목표, 말하자면 중부 유럽의 패권을 확립하고자 했던 거대한 민족주의적 여망의 포기를 의미하는 것이기도 했다.

　특히 폴란드령이 된 광범한 과거 독일 땅과 동유럽 지역에서 패전과 더불어 삶의 터전을 잃고 추방되거나 보복을 피해 고향을 떠나 서독으로 이주해 온 1천2백만에서 1천4백만 명에 이르는 실향민 문제가 컸다. 그것은 현대사에서 가장 대규모의 인구 이동 가운데 하나였다. 이들이 전후 독일에서 실지(失地) 회복을 바라는 민족주의적 극우 세력이 될 수 있다는 것은 명약관화했다. 거대한 비토 그룹으로서 이들을 어떻게 소련, 폴란드, 그리고 동독과의 기본 조약에 동의할 수 있도록 설득하는가라는 문제를 해결하지 않고서 동방 정책은 가능하지 않았던 것이다.

　아데나워 정부는 1950년대를 통해, 실지 회복을 주장하는 정당들에 대한 지지자와 나치 우파들을 뺀 나머지 보수 유권자를 흡수하기 위해 노력했다. 그리고 실제로 이들 가운데 많은 부분을 기민/기사당의 지지 기반으로 만들었다. 그런 상황에서도 극우 세력들은 1960년대 말 지방 선거에서 10퍼센트에 달하는 지지를 얻었으며, 1969년 총선에서는 연방의회에 진출할 수 있는 문턱에 육박할 정도로 위협적이었다. 그들에 대한 지지는 1960년대 말이 정점이었다. 하지만 여러 어려움을 딛고 아데나워의 노력이 승리를 거두었고, 극우파 정당들의 도전은 실패로 끝났다. 그 결과, 프랑스에서는 극우파 정당이 살아남은 것과 달리, 적어도 독일에서는 1972년을 기점으로 극우의 도전은 사라졌다. 만약 1950년대 아데나워 정부의 그런 노력이 없었고, 극우 유권자들이 주류 정당으로 통합되지 않았더라면 동방 정책은 성공하지 못했을 가능성이 컸다.

이 점에서 볼 때 햇볕 정책의 문제점이 드러난다. 김대중 대통령의 햇볕 정책은 강한 반북, 반공주의의 이념과 가치를 지닌, 그리고 북한을 힘으로 굴복시키기를 원하는 보수 세력이 압도적인 우위를 갖는 조건에서, 그리고 정치적 기반이 취약한 정당을 가지고 배타적 혹은 갈등적으로 추진되었다. 국내 정치적 조건이 그럴수록 정책 추진자들은 보수정당의 지도자들, 보수적인 인사들과 관련 당사자들을 정책 추진 과정에 참여시키고, 정책의 진행 방향을 알려주고, 협의하면서 동의를 이끌어 내려고 노력했어야 했다. 브란트를 보좌했던 동방 정책의 기획자 에곤 바(Egon Bahr)의 회고록에 따르면, 독일 동방 정책의 추진자들은 사민당과 자민당 등 연정에 참여한 정당 수준에서만이 아니라, 정당 라인을 가로질러 야당인 기민당 내 관련 당사자들과 협의와 대화의 채널을 발전시켰다.

혹자는 독일이 동방 정책을 통해 통일을 성취할 수 있었던 것은, 독일의 정부 형태가 의회중심제였기에 연립정부를 통해 정부를 구성해야 했고, 그로 인해 장기간에 걸쳐 여러 차례 정권이 교체되었음에도 정책의 일관성과 연속성이 높게 유지될 수 있었기 때문이라고 말한다. 즉 제도의 효과를 말하는 것이다. 동방 정책의 놀라운 연속성은 1960년대 말부터 1990년대 통일이 성취될 때까지 키징거(Kurt Georg Kiesinger), 브란트, 슈미트(Helmut Schmidt), 콜(Helmut Kohl) 정부를 통해 지속되었다는 점을 강조한다. 또한 동방 정책은 브란트-겐셔로 이어지면서 정책적 연속성이 가능했던 것이 성공 요인이라고 말한다. 물론 제도가 정책의 연속성을 뒷받침해 준다면 더 좋을 수 있다. 그러나 제도의 효과만으로는 불가능하다. 연립정부였기 때문에 그런 정책을 지지하는 사람들이 외교정책을 담당하는 지위에 있을 수 있었던 것은 아니다. 한국은 단임제 정부라서 정부가 바뀔 때마다 정책 책임자들이 바뀌기 때문에 정책 연속성이 불가능하다고 말할 수는 없다.

그보다 더 중요하고 본질적인 것은, 한 국가가 정치를 통해 풀어 나가야 하는 중심적인 갈등, 예컨대 경제적 분배를 둘러싼 계급·계층 간 갈등이라든가, 민족문제를 둘러싼 갈등을 다룰 때, 어떻게 이를 제도화하고 어떻게 정당을 통해 내부화할 수 있는가에 대해 컨센서스를 형성하는 문제에 있다. 자민당의 당수인 한스 디트리히 겐셔(Hans-Dichtrich Genscher)가 헬무트 슈미트 사민-자민 연정으로부터 헬무트 콜 기민/기사-자민 연정에 이르기까지 장장 18년 동안(1974~92년) 외무부장관을 역임하면서 통일을 주재할 수 있었던 것은 합의 추구적 의회중심제라는 제도의 산물이 아니다. 그 이전에 민족문제에 대한 정당 간 컨센서스를 만드는 데 성공했기 때문에 제도의 효과도 이를 어떻게 할 수 없었다고 보는 것이 옳다.

한국은 민족문제라고 하는 핵심적인 갈등에 대한 합의를 이뤄 내지 못했다. 경쟁하는 정당들은 민족문제와 같은 중대 사안에서 거의 적대 관계에 있으며, 정책적 차이를 좁히려 하기보다 상대를 부정하는 데 치중한다. 독일처럼 한국도 민족문제가 합의 쟁점으로 다뤄지는 전통이 자리 잡았더라면 정책의 연속성은 정당과 정권이 바뀌어도 유지되었을 것이다. 그렇지 못한 한국의 경우, 진보적인 정부에서 보수적인 정부로 정권이 교체됐을 때 새로운 정부는 앞 정부의 정책을 지우는 일에 온 힘을 다했고, 심지어 전임 대통령을 '종북주의자'로 채색하는 분위기를 만들기도 했다. 그리하여 한반도는 데탕트는 고사하고 다시 한 번 군사적 분쟁 위험이 높은 지역이 되었다.

중대 사안일수록 합의적 기반 형성이 중요하다

촛불 시위에 힘입어 다시 한 번 민주주의를 진전시킬 수 있는 기회를 갖게 된 우리는, 우리 사회가 해결해야 할 중대 이슈들이 무엇인가를 심도 있게 생각할 기회를 더불어 얻게 되었다. 그 가운데 가장 중요한 것은, 북한의 핵실험으로 더욱 증폭되고 있는 남북한 간의 군사·안보적 대립을 어떻게 평화공존의 관계로 변화시킬지의 문제가 아닐 수 없다. 여기에서 우리가 최소한의 이성적 사고를 통해 도달할 수 있는 결론이 있다면, 평화공존을 안정적으로 제도화하는 것 외에는 다른 선택이 없다고, 필자는 생각한다. 그러나 평화공존이라는 목표에는 대가가 따른다. 그동안 한국 사람들의 다수가, 특히 보수적 인사들이 암묵적으로 전제했던 것, 북한을 적으로 규정하는 '남한 중심의 통일'을 포기하지 않으면 안 되기 때문이다. 국내에서 보수와 진보는 무엇보다 이 목표에 대한 합의가 없다.

지난해 가을부터 시작된 한국의 비상한 정치적 위기는, 미국 트럼프 정부의 등장과 중첩됐다는 점도 중요하다. 이 때문에 남북한 관계를 근본적으로 다시 생각할 수 있는 동인이 되었기 때문이다. "충동적이고, 예측 불가하고, 사려 깊지 않고, 정직하지 않고, 자기중심적"인 성향을 갖는 트럼프와, 마찬가지로 예측 불가하고 벼랑 끝 외교를 일삼는 북한의 김정은이 조우할 때, 그 위험은 그렇지 않은 경우보다 훨씬 높을 수밖에 없다. 어떤 관점에서 보든 한국이 그동안 안주해 왔던 한미 동맹에 대한 기본 가정들과 신념들을 다시 생각하지 않을 수 없는 상황을 맞게 되었다. 이런 조건들은 우리가 대북 문제를 다루고, 평화공존을 추구하며, 변화하는 동아시아와 세계 질서에서 최소한의 국익을 지키고 실현하기 위해서는 우리 사회 스스로부터 달라져야 함을 말해 준다.

과거 우리는 다행히, 그 결과는 만족스럽지 못했다 하더라도 김대중·노무현 정부 시기 평화 공존 정책을 추구했던 경험을 갖고 있다. 그로부터 얻을 수 있는 중요한 교훈은 남북한 간 평화공존의 실현은 그 목표에 이성적으로 공감하는 것만이 아니라, 그에 도달하는 수단과 방법에서의 사려 깊음과, 인내심, 포용성, 이념과 가치를 달리하는 사람들과의 협력과 공존이 필요하다는 것이다. 즉 남북한 간 평화공존은 국내의 진보, 보수 간의 협력과 컨센서스의 기반을 형성하는 것과 밀접하게 연관돼 있다는 점을 이해해야 한다. 지난 촛불 시위 때 필자를 포함한 공저자들은『양손잡이 민주주의』를 펴낸 바 있다. 저자들은 민주주의의 보편적 규범을 실현하고자 하는 진보파와, 전통적 가치와 삶의 습속, 과거의 유산을 중시하는 보수파가 함께, 한손에는 촛불을 다른 손에는 정치를 드는 것이 민주주의 발전의 요건임을 말하고자 했다. 이 점은 특히 평화공존을 다시 시도하는 과정에서도 절실히 요청되는 덕목이다.

필자가 논의를 시작할 때 첫 부분에서 여섯 가지 명제를 제시했지만 마지막 문제는, 남북한 분단이 우리 내부의 문제로 인한 결과물이 아니었듯이, 남북한 사이에서 평화공존을 제도화하고 (먼 훗날 어떤 형태나 내용으로든) 통일에 이르게 될 때, 그것 역시 한반도를 둘러싼 이해 당사국들, 즉 남북한과 미국, 중국, 일본, 러시아를 포함하는 최소한 6개국으로 구성된 초국적 기구 내지 제도의 틀을 필요로 한다는 점이다. 이 점 또한 독일의 통일 사례로부터 하나의 모델을 발견할 수 있다. 동서독 관계의 발전은 전체적으로 유럽 통합 과정과 병행하는 방향으로 전개됐다. 유럽공동체(EC)는 동독을 전체 유럽 발전의 핵심으로 포함시켰다. 유럽안전보장협력회의(CSCE)는 전 유럽의 핵심 조직으로 발전했고, 유럽 분단과 독일 분단을 극복하기 위한 군비축소와 군비 통제의 중심 기구로 발전했다. 아직 우리에게는 동아시아 지역 내 갈등과 분쟁을 조정하고 해결할 수 있는 국제기구가 없지만, '북핵 해결을 위한 6자 회담' 포맷을 유럽연합에 상응하는 어떤 초국적 기구를 위한 하나의 전초적 단계로 이해할 수 있다. 동아시아의 새로운 국제 질서는 각 국가에 더 많은 외교와 협력을 요청하고 있으며, 국내적으로는 이 중대 이슈를 다룰 정치적 합의 기반의 형성을 절실히 필요로 하는 단계에 와있다.

6. 맺음말 : 독립적 행위자로서 한국 외교의 길

2017년 5월 문재인 정부가 들어선 이래 북한의 움직임은 더 노골적이고 적극적이다. 북한의 핵 개발과 미사일 기술 발전을 과시하려는 욕구는 커졌고, 그로 인해 야기된 북핵 위기로 한반도의 전쟁 위험이 개연성이 아닌 현실성을 가지고 세계적 관심사로 떠올랐다. 이런 위기 상황은 단지 지나가는 에피소드가 아니라 앞으로도 지속될 위험이 아닐 수 없다.

앞서 본론을 통해 필자는 냉전 시기로부터 면면히 이어져 온 대북 정책과 민족문제에 대한 접근 방식을 전면적으로 재검토할 필요가 있음을 강조하고자 노력했다. 세계로부터의 북한 고립과 대북 강경 정책이 궁극적으로 지향했던 것은, 북한의 김씨 정권을 붕괴시켜 사실상 북한을 흡수 통합하는 것이었다. 그에 반해 필자는 흡수통일을 전제로 하는 대북 강경 정책으로부터, 남북한 간의 공존이 가능하고, 평화를 안정적으로 관리하고 제도화하는 것을 목표로 하는 평화공존 정책으로의 전환을 말하고자 했다. 그것만이 남북한 간 적대 관계를 근본적으로 풀어 나가는 해결책이라고 믿기 때문이다.

우리가 평화공존이 아니라, 군사적 대응이나 안보만을 대북 정책의 최우선 목표로 삼는다면 선택의 여지는 지극히 협소해질 것이다. 항시적인 군사·안보 체계를 강화하는 유사 전시 체제를 유지해야 하고, 안보를 위해 미국에 절대적으로 의존하지 않으면 안 된다. 한국민들이 지녀야 할 국가의 목표와 과업, 국민들이 지녀야 할 가치, 그것을 드높이고자 하는 태도와 열정은 '주적'이라는 말로 잘 표현된다. 오로지 북한에 대한 증오와 전쟁을 불사하는 적의를 불태우고 강조해야 한다. 그 경우 우리의 국가 목표는 너무나 부정적·소극적인 것이 되고, 그러면서도 항시적인 전쟁 위험을 안고 살아야 하는 사회로 퇴행할 수밖에 없다. 왜 우리 사회를 이런 전쟁의 위험이라는 쇠창살에 가두어야 하는가?

일찍이 빌리 브란트는 "평화가 모든 것은 아니지만, 평화 없이는 아무것도 할 수 없다."라고 말했다. 그러나 이 패러다임 전환은 생각처럼 쉽지 않다. 그러기 위해서는 국내 정치적으로 헤게모니를 갖는 반공, 반북 대결 의식과 상호 증오하는 적대적 열정과 정서, 강력한 민족주의적 정서를 넘어서야 한다는 난제를 풀어 나가야 하기 때문이다. 민주주의에서 모든 시민이 '계몽적 시민'인 것은 아니다. 그렇다면 시민들의 이성적 판단을 어떻게 이끌어 낼 수 있을까. 그것이야말로 민주 정부의 역할이 아닐 수 없는데, 그게 가능하려면 무엇보다도 힘으로 북한을 변화시키려는 미국의 대북 정책을 바꾸어 북한을 세계의 국가 간 체제 내의 (조건부적이라 하더라도) 일원으로 수용할 수 있어야 한다.

한국 정부는 과거 냉전 시기로부터 현재에 이르기까지 미국 대북 정책 틀 안에서 움직였기 때문에 독립성이라는 말 자체가 성립할 수 없다. 앞으로 국제정치 영역에서 독립적인 플레이어가 되기 위해서는 민족문제에 대한 평화 지향적인 접근이 요구된다. 평화를 민족문제 해결을 위한 최우선의 과제로 설정하는 것, 그것이 수단이자 목표가 돼야 한다.

이런 목표를 가질 때 비로소 우리는 목표를 성취하기 위한 전략을 가질 수 있다. 북미 관계 개선을 통해 북한이 국제사회에 진입할 수 있도록, 우리 정부는 긴장 완화와 핵 위기 해소를 위해 북한과 미국을 설득하는 데 최대의 노력을 경주해야 한다. 한미 동맹과 한중 협력을 바탕으로 북미 수교를 끌어내지 않고 북핵 위기를 해소하기는 어렵다. 그것이 모든 문제를 해결해 주는 것은 아니지만, 일단 거기에서부터 시작해야 한다.

2장

개혁
보수의 길

"한마디로 좋은 시절은 끝났다. 이제 정당을 통한 선거 경쟁만이 아니라, 그보다 더 중요한 질문에 답할 때가 됐다. 한국 사회가 어떤 모습으로 발전해야 하는가, 어디로 나아갈 것인가를 둘러싼 이념과 가치, 비전이 다투는 자유경쟁의 시장으로 나아가야 한다. 보수는 스스로 존립하기 위해서라도 변하지 않으면 안 되는 상황에 이르렀다."

1. 보수 개혁파의 등장

2016년 총선에서 보수정당의 완패, 촛불 시위가 촉발한 박근혜 대통령의 탄핵, 보수정당의 분열과 대선에서의 패배는 보수 진영 내부로부터 변화와 개혁의 요구를 불러왔다.

생존을 위해서라도 변하지 않으면 안 된다는 절박함의 표현은 다양한 형태로 표출되었다. '새로운 보수의 길', '보수 개혁', '보수는 다시 태어나야 한다.'라는 말들이 보수 정치권에서 세미나 주제로 종종 등장했으며, 보수 진영에 속한 주요 정치인들의 자서전이나, 정치 평론집에서 거듭 다뤄지는 주제가 되기도 했다.● '보수 개혁'이라는 말은 무척이나 생경한 느낌을 갖게 한다. 민주화 이후 한국 사회와 한국 정치를 사실상 지배해 왔다고 할 수 있는 보수가, 생존이 걸릴 정도의 절박한 위기 상황에 직면한 적이 그동안 별로 없었기 때문이다. 그만큼 2016년에서 2017년으로 이어지는 대사건들 속에서 보수가 맞이한 위기 상황은 특별한 것이다.

보수의 변화 내지 개혁이 어떻게 마무리될지는 한국 민주주의의 중대 문제다. 그것은 보수 자신의 변화에만 머물지 않고, 그

● 유승민, 『나는 왜 정치를 하는가』(봄빛서원, 2017); 정병국 『나는 반성한다 : 다시 쓰는 개혁보수』(스리체어스, 2017).

대쌍 관계에 있는 상대적으로 진보적인 정당의 변화를 불러오고, 그럼으로써 한국의 정당 체계 전체에 커다란 변화를 가져올 수밖에 없기 때문이다. 정당 체계만의 문제가 아니다. 한국 민주주의가 작동하는 제도적 틀, 주요 정치 세력들이 추구하는 정부 운영의 비전과 가치, 그로부터 도출되는 정책적 대안들과 통치 스타일 등 한국 정치의 핵심적 내용들 역시 달라지지 않을 수 없기 때문이다.

따라서 우리는 좀 더 넓은 시야에서, '한국 정치와 사회에서의 보수'라는 문제를 폭넓게 살펴볼 필요가 있다. '보수의 변화'라는 문제를 심층적으로 이해하기 위해 먼저 보수가 위기에 처한 원천부터 살펴보자.

2. 보수 위기의 원천

분단국가의 형성과 보수의 쉬운 집권

한국 사회에서 통치 세력은 냉전 시기의 국가 건설과 1960~70년대 산업화를 주도하면서 형성됐다. 그리고 이 산업화 과정을 통해 한국의 상층 부르주아라 할 기업 엘리트가 형성됐다. 산업화를 주도한 국가권력 엘리트와 산업화로 만들어진 경제 엘리트 집단이 곧 한국 보수의 시작이라고 할 수 있다. 그리고 권력과 성장의 과실이 주로 특수주의적 연줄 관계(clientelism)를 통해 지역 편중적인 이익 배분 형태를 띠었기 때문에 한국에서 지역의 특성은 정치적 의미를 갖는다. 그렇게 해서 보수는 '국가 관료 엘리트-기업 엘리트-경북 지역'이라는 핵심적인 지배의 3자 관계를 중심으로 하여 형성되었다. 이런 보수의 세력 기반은 압도적이었다. 분단국가 건설과 산업화를 되돌아볼 때, 그 패권적 기반이 너무 강했기 때문에 보수 세력은 통치 세력으로 쉽게 등장할 수 있었고, 민주화에도 불구하고 야당과 개혁적 사회 세력의 도전을 제압할 수 있는 지배력을 확립할 수 있었다. 그 결과 스스로 변화나 개혁을 해야 할 만큼 위기에 직면한 적은 없었다.

좀 더 긴 역사적 관점에서 봐도 마찬가지다. 일본 식민 통치는 전통 사회의 지배 엘리트들을 완벽하게 해체한 바 있고, 전통적인 지주계급들은 해방 후 토지개혁을 통해 사라졌으며, 일제하 혁명적 민족주의자들과 공산주의자들은 분단으로 말미암아 월북했거나 소탕되었으므로 한국 땅에서 소멸됐다. 즉 보수는 경쟁 세력 없는 지배적 엘리트 집단이 되었다. 또한 사회의 모든 전통적·공동체적·지역적 특성들이 약화되거나 소멸했고, 사회의 위계적 구조가 만들어 내는 엘리트와 하층 집단 간의 갈등 구조가 완전히 폐기·해체된 상황, 즉 백지상태(table rase)와 다름없는 평면적인 사회가 됐다. 보수적인 통치 엘리트들은 그 백지 위에 그들의 의지대로 그림을 그릴 수 있었다. 그러나 그런 조건은 동시에 보수 세력의 퇴행을 가져오는 요인이 됐다. 되돌아보면 2017년 19대 대선은 한국 보수의 이런 긴 퇴행 과정의 한 절정처럼 보인다.

박근혜 정부의 퇴행

박근혜 정부는 과거 권위주의 정부, 특히 유신 체제식 통치 방식을 많이 불러들였다. 경제 운영은 과거 개발 독재 시기처럼 흔히 '관치 경제'라고 부르는 방식, 즉 국가가 경제를 통제하는 방식을 재현했다. 전경련을 창구로 하거나, 특정 재벌 대기업과 직접적인 관계를 강화하면서, 종종 사적인 목적으로 혹은 준조세에 해당하는 많은 자금을 재벌 대기업으로부터 갹출했다. 미래창조과학부와 같은 정부 기구는 지역별로 대기업과 지자체를 짝짓는 새마을운동 방식으로 대기업을 동원하기도 했다. 그러는 동안 대통령은 '노동 개혁'이라는 이름으로 노동시장 유연화를 더 극단으로 밀고 가면서 노동 통제를 위한 자율성을 기업에 더 많이 부여했으며, 노동운동을 억압하는 반노동 정책을 진두지휘했다. 그뿐만 아니라 극우적 이데올로기를 잣대로 아(我)와 피아(彼我)로 사회를 양분화하면서 공공연하게 분열과 배제의 통치를 밀고 나갔다.

민주화 이후 정당정치를 되돌아볼 때 진보가 하나가 아니듯이, 보수도 물론 하나가 아니다. 그 가운데 박근혜 정부를 만들어냈던 이른바 '친박계'로 불리기도 하는 보수파는 한국 보수 세력 가운데서도, 냉전 시기의 반공주의와 권위주의를 결합하는 것도 불사하는 극우 내지 극(단적)보수 분파를 그 기반으로 한다. 그러나 박근혜 정부가 통치 방식과 정책 내용에 있어 권위주의와 '박정희 패러다임'의 부활을 시도했지만, 그 의도와는 달리 박정희 패러다임을 치명적으로 약화시키는 결과를 가져왔다는 점은 큰 역설이다.

도덕적 헤게모니의 상실

보수 세력의 압도적 권력 자원과 쉬운 집권은, 스스로 도덕성을 견지하고 이를 강화할 인센티브를 약화시키는 요인으로 작용했다. 이런 조건은 보수도 도덕적 헤게모니를 가져야 한다는 것을 인식하지 못하게 만들거나, 이념적으로 안일하게 만듦으로써 노력할 필요조차 인식하지 못하게 했다.

이 문제는 서구 사회에서 민주주의의 선진국들, 예컨대 독일·영국·프랑스와 같은 유럽 국가들이나, 아시아에서는 일본의 사례를 통해 비교의 관점에서 이해할 수 있다. 독일이나 일본처럼 제2차 세계대전에서 패전한 국가들의 통치 세력들은, 이념은 기본적으로 보수였지만 민주주의 규범과 제도를 존중하고 그것을 기본적인 출발점으로 삼아야 했다. 패전의 상흔을 딛고 국가를 건설하고 민주주의를 발전시켜야 하는 과업을 수행하기 위해, 이들은 독일의 경우 사회민주주의 정당, 일본의 경우 사회당 같은 세력과 정치적으로 경쟁해야 했다. 그리고 필요할 때는 협력해야 했다. 이 과정을 통해 통치 세력은 그들의 도덕적 헤게모니를 확대해 나갔다.

승전국이자 일찍이 민주화를 성취한 영국과 프랑스에서도 이념을 달리하는 세력들 사이의 경쟁은 더 분명하고 치열했다. 이들 국가의 통치 세력들은 국가를 운영해 나갈 뚜렷한 방향성을 가졌으며, 전통적 가치를 계승하면서 그 긍정적 특성을 살려 산업사회의 가치와 결합하려고 시도했다. 지역 간, 그리고 사회집단들 간의 갈등, 특히 기업/자본과 노동자들 간의 갈등을 공동체적 가치로 결합함으로써 사회 통합을 시도했고, 어느 정도 성공을 거두었다. 독일은 (반사회주의적이되 반사회적이지는 않은) 가톨릭 공동체 사상을 노사 관계에 접목시켜 '코포라티즘'의 제도를 발전시켰고, 일본은 전통 사회의 공동체적 문화를 불러와 노사 가족주의의 가치와 제도를 만들어 냄으로써 기업과 노동 간의 공생적 틀을 만들었다. 일본 산업구조의 3대 지주라 할 종신 고용제, 연공 서열제, 기업별 노동조합은 공생적·공동체적 가치와 전통, 정신이 만들어 낸 제도이다.

오늘날 신자유주의의 교리는 이 모든 가치를 부정하고 시장 경쟁과 효율성, 노동시장 유연화의 극대화를 좇으며 성장 지상주의를 추구하고 있을 뿐, 여기에는 탈인간화에 대응할 수 있는 인간의 공동체적 결속이나 인간 존중의 가치/철학은 존재하지 않는다. 그에 반해 독일과 일본은 성장뿐만 아니라 성장의 과실을 배분하고, 자본주의 효율성을 추구하면서도 인간적 가치를 견지하고자 하는 도덕적 비전을 버리지 않았다. 이런 인간적·도덕적 태도가 한 사회의 지도층을 부패하지 않도록 하는 정신적 원천이 되었다.

한국의 경우, 냉전과 분단이라는 외적 조건하에서 반공국가의 건설 자체가 절대 명제가 되었다. 이런 역할을 수행하는 것만으로도 보수는 충분히 헤게모니를 유지할 수 있었기 때문에 민주주의 원리와 제도, 사회 통합의 문제를 소홀히 하더라도 그들의 정치적 헤게모니는 안정적일 수 있었다. 그러나 이런 상황은 한국의 보수가 도덕적으로 쉽게 타락하는 것을 막지 못했다.

강력한 국가와 자유주의의 부재

보수 세력은 반공 이념과 경제성장이라는 두 축으로 국가를 안정적으로 통치하면서, 국가를 통해 권력과 이데올로기적 헤게모니를 행사할 수 있었다. 다시 말해, 보수 세력의 통치와 지배,

헤게모니는 국가를 통해 거의 자동적으로 행사되고 유지되었던 것이다. '국가 의존적 보수'라는 이런 특성은 그들이 직접 통치했던 권위주의 시기는 물론, 민주화 이후 보수정당이 선거에서 패배해 정부 권력 밖에 있었을 때조차 그대로 지속되었다. 정부 운영의 기본적인 방향과 내용은 보수의 헤게모니하에 있었고, 방대한 국가기구, 행정 관료 체제 아래 공공 영역의 대부분은 보수가 관장하고 있었기 때문이다. 한국의 보수는 국가권력에 힘입어, 또 이를 수단으로 헤게모니를 가질 수 있었으므로 서구의 경우와 달리 역사적으로 자유주의 전환의 계기를 갖지 못했고, 실제로 자유주의 이념을 담지하지도 않았다.

서구에서 자유주의는 시민사회, 자유 시장경제를 바탕으로 한 부르주아지의 이념이다. 그러나 한국에서는, 부르주아지를 대변하는 기업 엘리트들이 강력한 국가에 의존적이고, 우리 사회의 강한 민족주의에도 편승해 이익을 추구하면서 자유주의에 대해 무관심하고 그 중요성을 인지하지 못한 점에서 서구와 근본적인 차이를 보인다. 국가권력은 개인의 자유와 자율성이 만들어 내는 사회적 힘에 의해 제한되고 견제받아야 한다는 '제한 정부'(limited government)가 자유주의 이념의 핵심이라 할 때, 이들은 이런 자유주의를 체화할 수 있는 역사적 계기를 경험해 본 적도 없었고, 국가주의에 대응해 자유주의를 강조해야 할 필요도 없었다. 사실상 기업 엘리트들은 국가 중심의 경제 운영, 관치 경

제의 산물이며, 그 어떤 사회집단보다도 그것의 일차적 수혜자
들이다. 기업 엘리트들을 포함해 한국민들에게 국가는 강하고
확대될수록 좋은 것이다. 우리가 이념적인 측면에서 한국 민주
주의의 토대가 취약하다고 이야기할 때, 그것은 바로 이런 자유
주의의 허약함을 말하는 것이다.

지역 구도의 약화

민주화 이후 지역적 투표 패턴은 민주당으로 대표되는 야권
보다 '민자당-신한국당-한나라당-새누리당'으로 이어지는 보
수정당에 유리했다. 보수정당은 영남을 중심으로 '콘크리트 지
지 기반'으로 불릴 만큼 강력한 지역적 투표 블록을 가졌다. 호남
또한 민주당의 강력한 기반이라 하겠지만, 영남이 인구수에 있
어 훨씬 다수이기 때문에 지역적 투표 성향은 보수정당에 더 큰
이점을 안겨 주었다.

그러나 지난 대선 결과에서 나타나듯이, 박근혜 정부의 해체
는 모든 것을 바꾸어 놓았다. 보수층의 또 다른 핵심 기반이라 할
한국 사회의 상층 유권자들의 거주지 강남 3구 모두에서 보수정
당은 패배했고, 50대 이상 노년층을 제외한 40대와 그 이하 젊은
세대들의 절대다수는 보수정당에 반대해 중도 또는 개혁 정당에
투표했다. 대통령 탄핵 이후 선거는 보수정당에 통렬한 패배를

안겼다. 지역적 투표 패턴을 선도했던 영남과 호남에서는 보수, 진보로 대표되는 양당 사이에서 일방적으로 선택하는 것이 아닌 경쟁적 정당 체계로 변화되는 현상을 보여 주었다. 정당들이 내건 정책과 이념의 성격과 내용, 후보의 자질이 투표 결정에서 중요한 요소로 등장하면서, 지역적 투표 패턴은 물론 지역적 정체성 역시 뚜렷하게 약화되었다. 요컨대 보수적 정당이 향유해 온 기득권이 뚜렷하게 약화된 것이다.

국가 지원 없는 보수

국가의 지원은 그동안 한국 보수를 뒷받침해 온 근간이다. 이제 보수는 국가의 지원에 의존하기 어려워졌다. 이는 한국 보수가 최초로 직면하는 현실이라고 생각한다. 그 의미는 크다. 이제 보수는 국가에 의존하지 않고, 사회에서 그들 자신의 정치 기반을 만들고 확대해 나가지 않으면 안 되는 전환점에 섰다. 나는 촛불 시위 과정에서 태극기 부대가 촛불 시위 군중과 마찬가지로 거리에서 태극기를 흔드는 모습을 보면서, '국가 지원 없는 보수의 출현 가능성'을 발견할 수 있었다. 이제 '국가 의존적 보수'가 아니라 사회 속에서 스스로 권력 자원을 동원하고자 하는 극우가 출현 가능한 상황이 조성되었다.

극좌도 그렇지만 극우 역시 소수 정당이 아닌 주류 정당으로 성장하기는 어렵다. 그러나 소수 정당이라 하더라도 극우적 신념과 열정을 위해 소수파 정당을 감수할 가능성도 물론 존재한다. 어떤 관점에서 보든 이제 보수도 국가의 지원 없이 정치적으로 자립해야 한다는 것은 분명하다. 그리고 이때 보수의 주류가 극우적 분파가 아닌 개혁된 온건 보수로 새롭게 태어난다면, 과거보다 안정적인 주류 정당으로서 온건 개혁적인 진보파 정당과 한국 정당 체계의 중심축을 형성하면서 한국 정치를 주도할 가능성도 넓게 열려 있다. 보수는 이제 자신의 이념·가치, 미래에 대한 목적의식을 시민들에게 제시하고 설득해야 하며, 그 결과 시민들의 삶의 조건이 실제로 향상되는 것을 현실에서 보여 줄 수 있어야 한다. 이는 매우 새로운 보수의 탄생을 의미한다.

3. 변화의 네 방향

① 한국의 보수는 민주주의의 가치와 제도를 더 많이, 더 적극적으로 수용해야 한다.

한국의 민주화는, 권위주의 질서를 부정하고 그것에 도전했던 대학생과 교육받은 지식인을 중심으로, 그리고 권위주의 질서와 제도권 밖에 있는 시민사회의 운동에 의해 성취되었다. 그러나 민주화가 됐다고 해서 권위주의 체제와 그들이 만든 사회

질서가 곧바로 민주화된 것은 아니며, 그렇게 될 수도 없다. 민주화 이후 제도, 제도의 운영 원리, 가치, 문화 등 시민들의 미시적 행동 양식과 태도는 거의 그대로 유지됐다고 해도 과언이 아니다.

권위주의적 국가기구의 많은 부분들이 그대로 유지되었으며, 선거로 선출된 정부라 하더라도 그들의 권력 운영 방식은 여전히 권위주의적 요소를 많이 내포했다. 국가와 대통령으로의 권력 집중은 민주화 이후에도 달라지지 않았다. 헌법의 조문과는 무관하게 입법부에 대한 집행부의 우위는 지속되었다. 사법부의 약한 정치적 자립성에도 큰 변화는 없었다. 통치권자와 정치인들이 민주주의의 원리와 가치를 존중하고 법의 지배에 순응해야 하는 것은 물론, 언론 자유, 개인과 결사체의 자유와 자율성의 보장 등은 모두 민주주의가 정상적으로 작동하기 위한 필수적인 조건들이다. 그러나 보수파들은 이런 민주주의의 규범·가치, 법의 지배, 참여의 확대와 같은 문제에 대해 권위주의적 전통을 유지하려는 경향을 드러내 왔다. 적어도 촛불 시위와 조기 대선에 이를 때까지는 그랬다.

민주파들이라고 해서 민주주의의 규범과 가치를 제대로 실천한다고 말하기는 어렵다. 많은 진보파들은 진보와 보수를 '민주 대 반민주'라는 구분을 통해 정의해 왔다. 그러나 이는 한국 정치의 갈등 축을 표현하는 정확한 구분이라고 할 수 없다. 선거를 통해 보수에서 진보로, 역으로 진보에서 보수로 정권이 교체될 때마다 권위주의에서 민주주의로, 민주주의에서 권위주의로 교체된다고 볼 수는 없기 때문이다.

물론 한국 사회의 보수와 이를 대표하는 보수정당이, 진보에 비해 상대적으로 민주주의의 원리와 제도를 실천하는 데 소극적이고, 나아가 민주주의의 역전도 불사할 만큼 권위주의적 정부 운영과 권력 행사를 서슴지 않았던 것은 사실이다. 이명박-박근혜 정부로 이어지는 보수 정부가 잘 보여 주었듯이 말이다. 청와대를 정점으로 하는 국정원·검찰·문체부 등 억압적·이데올로기적 정부 기관들의 대선 개입, 언론통제, 반대 세력에 대한 정치적 사찰과 배제, 이데올로기적 검열 등은 권위주의적 통치의 전형적인 특징이다. 바꾸어 말하면, 보수는 권위주의적 국가기구를 동원하거나 그것에 의지함으로써 권력을 유지하거나 행사하려는 행태나 습관을 과감하게 버리지 않으면 안 된다.

촛불 시위의 중요한 의미 가운데 하나는 보수 정부들에 의해 권위주의로 역진할 수 있는 위험한 경향에 제동을 걸었다는 것이다. 한국 민주화의 역사를 되돌아볼 때, 운동에 의한 민주화의 경험과 전통은 민주주의를 통해 사회경제적으로 또 문화적으로 실체적인 결과를 만들어 내기보다는, 권위주의에 저항해 정치적 수준의 민주주의를 지키고 발전시키는 데서 훨씬 큰 위력을 발휘한다는 사실을 알 수 있다. 탄핵을 통한 현임 대통령의 퇴출은 그 무엇보다 이런 전통을 강화할 역사적 경험일 것이다.

보수는 민주주의의 제도 및 규범에 관한 한 민주주의를 향한 전진은 불가역적이라는 사실을 깨달아야 한다. 민주주의는 세계적 수준에서 보편적인 정치체제로 수용되고 있기 때문이다. 한국처럼 고도의 산업화와 경제 발전을 이룬 나라에서 민주주의의 가치를 부정한다면, 경제 발전 수준과 권위주의로의 퇴행이라는 양자 사이에서 발생하는 인지적 불일치는 정치 경쟁에서 치명적인 약점으로 작용할 수밖에 없다.

이제 민주냐 반민주냐 하는 구도는 의미가 없다. 그보다는 누가 더 국가를 잘 운영하고, 시민 개개인의 자유와 인권을 보장하며, 국민들의 사회경제적 조건을 향상시킬 수 있는가를 둘러싼 경쟁에서 능력을 보여 줄지가 중요해졌다. 냉정하게 말해 이런 경쟁에서 진보가 보수보다 우월하다는 보장은 없다. 보수가 적극적으로 민주주의자가 되지 않아야 할 이유가 없는 것이다.

② 보수는, 성장 지상주의에 집착하면서 사회 최상층 이익을 배타적으로 대변하는 역할에서 벗어날 필요가 있다. 분배와 복지의 확대를 통해 성장과 균형을 이룰 수 있도록 이른바 '발전 국가'적 경제 운영을 재구조화(restructuring)하고 지속적 성장과 사회 통합을 선도할 수 있어야 한다.

지난 세기 후반 경제 발전의 대표적 이론가이자 철학자였던 앨버트 허시먼(Albert O. Hirschman)은 어느 사회에나 필요한 두 기능을 '경영 기능/과업'(entrepreneurial function)과 분배의 가치를 강조하는 사람들이 수행하는 '개혁 기능/과업'(reform function)으로 구분한 바 있다. 그는 이 두 기능 사이의 변증법적 상호관계를 통해, 경제 발전과 민주주의의 발전 과정에서 발생하는 정치 갈등을 체계적으로 설명하고자 했다.•

그에 따르면 경제 발전과 민주주의 간의 관계가 만들어 내는 정치적 긴장과 갈등은 특정 시기의 라틴아메리카에서뿐만 아니라 모든 나라에서 보편적으로 발생했던 현상이다. 그것은 경제가 성장하고 규모가 커지는 과정에서 거의 필연적으로 대면하게 되는 문제이다. 성장은 계층 간, 부문 간, 지역 간에 불균형과 불평등을 만들어 내면서 필연적으로 사회경제적 불평등을 불러온다. 따라서 자본축적 내지 성장은 그것이 동반하는 불균등을 교정하라는 압력과 요구를 증가시키면서 정치적 갈등을 낳는다.

물론 한국도 예외가 아니다. 이런 성장과 분배 간의 역동적 관계가 민주화 이후 정치 영역에서 정치적 갈등으로 투영되는 것은 필연적이다. 특히 이 문제는 진보와 보수 사이의 정치 경쟁, 갈등의 중심 의제 가운데 하나가 되게 했다.

• Albert O. Hirschman, "The Turn to Authoritarianism in Latin America and the Search for Its Economic Determinants", David Collier, ed., *The New Authoritarianism in Latin America* (Princeton University Press, 1979), pp. 61-98.

민주화 이후 한국 사회에서도 성장과 분배의 문제는 보수와 진보를 구분하는 핵심 요소이다. 그러나 이 두 논리는 양자택일이 될 수 없으며, 정태적인 제로섬 경쟁이나 투쟁이 될 수 없다. 그러므로 이 양자 간의 관계는 두 기능을 함께 볼 때에만 그 의미와 중요성이 전체적으로 드러난다. 한국 사회에서 분배를 등한시하고 성장의 가치만 강조해 온 보수로서는, 다수를 획득하고자 하는 정치 경쟁에서 자신들의 정치적 지지 기반을 유지하려면 반드시 개혁과 분배의 가치를 일정하게 수용하고 양자 사이의 균형을 어느 정도 유지하기 위해 노력해야 한다고 나는 생각한다. 이를 받아들이라는 압력은 정치적·사회적으로 점점 증가하고 있고, 또 그렇게 될 것이다. 분배에 대한 압력을 증가시키는 요소로 두 가지만 이야기하겠다.

첫째, 민주주의 확대는 분배에 대한 사회경제적 요구를 증대시킨다. 물론 민주화는 정치혁명이지 경제혁명은 아니다. 그래서 민주화된 나라들이 경제적 불평등을 해결하지 못하고, 심각한 빈부 격차, 빈곤, 복지의 부재 내지는 저발전과 동거하고 있는 현상은 세계 도처에서 얼마든지 볼 수 있다. 사실 우리나라의 특징은 눈부신 경제성장도 아니고, 취약한 노동문제, 복지·사회정책의 낙후성도 아닌, 이 둘 사이의 극명한 불일치 내지 격차가 아닐까 싶다. 경제성장이라는 측면에서는 세계에서 대표적인 성공사례의 하나로 꼽히지만, 노동문제와 복지 등 사회정책 영역은 거의 최후진국으로 나타나기 때문이다. 한국 사회와 정치의 최대 과제는 이 극명한 대조를 극복하는 것이다. 이 현상은 세계 여러 기관들의 사회경제적 통계 지표에서도 분명히 드러난다. 상황이 이렇게 된 데는 이유가 있다. 성장을 중시하는 보수 헤게모니가 오랫동안 지속되면서, 분배와 복지, 노동문제에서 개혁이 장기간 억압되고 지체되어 왔기 때문이다. 앞에서 민주주의는 본질적으로 정치혁명이라고 말했지만, 그럼에도 민주주의가 확대되고 시민들의 의식이 고양되면서 분배에 대한 사회경제적 요구가 커지는 것은 당연하다.

둘째, 허시먼이 '터널 효과'라고 말하는 것, 즉 차선을 바꿀 수 없는 상태에서 터널을 통과할 때, 어떤 차선 위의 자동차가 다른 차선보다 지체될 경우 상대적 박탈감을 느끼는 사회 심리적 현상을 고려해야 한다. 성장과 사회이동이 뚜렷이 가시적이었을 때 분배에 대한 기대는 지연될 수 있다. 그러나 산업화가 지속되면서 경제성장률이 하락하고, 사회이동과 계층 상승의 기회가 경직되고 폐색될 때 박탈감은 훨씬 더 강해진다. 지난 세대에서 가능했던, 성장이 분배를 가져올 것이라는 기대감은 훨씬 약화될 수밖에 없다. 성장이 분배를 가져오지 못할 때, 인내의 시간은 짧아지고 분배에 대한 요구는 강해진다.

이 상황을 좌표로 표현할 수 있다(〈그림 1〉 참조). 좌/우 또는 진보/보수를 표현하는 가장 단순한 일반적 횡축의 도표를 통해

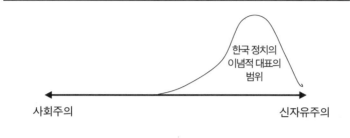

그림 1

한국 정치의
이념적 대표의
범위

사회주의   신자유주의

성장과 분배를 말할 수 있다. 좌측의 극은 사회주의라고 가정하고, 우측은 재산권과 시장 경쟁에서 자유가 최대한 보장되는 극단적 신자유주의 시장경제로 가정해 보자. 이 그림에서, 한국 경제의 운영 원리와 시장의 특성은, 영미식 신자유주의 형태로 중앙에서 오른편으로 멀리 떨어져 있다. 그에 비해 분배의 이념이나 가치를 대표하는 한국의 좌 또는 진보는 좌에 위치하기는 하지만, 거의 중앙에 가깝다. 이런 좌표의 축 위에서 한국의 보수는 훨씬 더 중앙에 가깝게 이동해야 한다고 나는 생각한다. 그렇게 될 때 선진 자본주의 국가의 보수정당 형태에 근접해지지 않을까 생각한다.

그동안 우리 정부의 노동정책을 통해 이 문제를 생각해 보자. 여기에서 '우리 정부'란 김영삼 정부로부터 최근 박근혜 정부에 이르기까지 진보적이든 보수적이든 모든 정부를 포함한다. 그간의 노동정책은 일방적인 기업 편향을 실현하는 신자유주의적 노동시장 유연화로 집약될 수 있는데, 이는 기존의 모든 정부에서 유사하게 지속되었다. 다만 보수적인 이명박-박근혜 정부의 정책이 앞선 김대중-노무현 정부에 비해 훨씬 과격하게 추진되었을 뿐이다. 이런 노동정책을 지지하는 사람들은 노동시장 유연화의 필요를 강조하면서 2000년대 초 독일의 하르츠(Hartz) 개혁(이에 대해서는 3장에서 자세히 살펴본다)을 모델로 제시한다. 지난 5월 프랑스 대선을 통해 출범한 마크롱(Emmanuel Macron) 정부의 개혁이 하르츠 개혁을 모델로 했기 때문에 사례가 하나 더 추가됐다고 생각할지도 모른다. 대표적인 유럽의 복지국가인 독일과 프랑스에서 노동시장 유연화와 복지의 축소를 새 정부들[독일의 슈뢰더(Gerhard Schröder) 정부, 프랑스의 마크롱 정부]이 최대 개혁 의제로 삼았으니 말이다.

그러나 여기에서 중요한 점 한 가지를 언급하지 않으면 안 된다. 유럽에서의 복지국가 개혁과 노동시장 개혁이, 복지 체제를 일정하게 이완시키고, 그 수준을 낮추는 개혁이라는 데는 이론의 여지가 없다. 또한 정부의 재정 안정을 도모하기 위해 복지 부담을 줄이고, 노동자들의 이익을 축소하는 내용이라는 점도 분명하다. 그러나 이들 국가가 그렇게 수준을 낮추더라도 복지 체제의 유지와 사회정책을 위한 국가의 재정지출은 한국보다 몇 배나 더 많다는 사실을 놓치면 안 된다. 그들의 노동 개혁은, 신자유주의적 세계화에 따른 재정 압력과 글로벌화한 노동시장의 성격에 대응하기 위한 것으로, 이런 환경에서도 지속적인 복지와 노동 보호를 실현하기 위한 것이라는 사실이 중요하다. 그러나 이들 유럽 복지국가에 비해 한국의 복지 체제와 사회정책은 시작 단계에 불과하고, 노동시장 자율화와 유연화 수준은 극한 상태에 이르렀다고 말할 수 있다. 이런 상황에서 독일에 비해 노동정책의 기조와 복지의 수준이 너무 다른 한국에서 하르츠 개혁을 모델로 말한다면, 이는 문제의 근본을 이해하지 못하는 것이다.

누군가 필자와 같이, 보수와 진보를 비교하면서, 보수는 한국 사회의 대기업과 최상층의 이익을 불비례적으로 대변해 왔고, 그래서 좌우 스펙트럼상에서 너무 오른쪽으로 치우쳐 있다고 비판한다면, 이런 반론이 제기될 수도 있다. 그동안 보수정당이 여러 차례 선거에서 이른바 진보적인 정당과 경쟁할 때 소득 배분의 하층에서 더 많은 지지를 얻지 않았느냐고 말이다. 그러나 이는 보수가 그들을 대변하고 그들을 위한 정책을 폈기 때문이라기보다, 진보적 정당이 그들을 제대로 대표하지 못한 결과라고 할 수 있다. 선거로 나타나는 표의 향배가 어떠하든, 보수는 산업화 시기로부터 현재에 이르기까지 양적 성장만을 경제와 사회 발전의 지표로 이해했으며, 그런 정책을 추구해 왔다.

나는 여기에서 대기업 중심의 성장 전략을 추구했던 것 자체가 잘못이라고 비판하려는 것이 아니다. 지난날 산업화를 가져왔던 재벌 대기업 중심의 경제 운영 원리, 관치 경제를 통한 정책 방향이 시대 변화에 상응할 수 있도록 대전제 자체가 재조정되고 재설정돼야 한다고 말하려는 것이다. 비판적 경제학자들 사이에서는 재벌 대기업의 성장에 의존하는 한국 경제로는 이제 성장이 지속되기 어렵다고 보는 시각이 있다. 나아가 재벌 기업의 문제가 한국 경제의 모든 부정적인 현상의 원천이라는 인식과 아울러, 최근년에 이르러 '경제민주화'라는 말이 재벌 개혁과 사실상 거의 동일한 의미로 이해되는 경향을 만들어 냈다.

내가 재벌 중심의 한국 경제가 지속적인 성장을 가져오지 못한다고 믿기 때문에 그것을 비판적으로 말하는 것은 아니다. 어떤 경제지표들은 지금까지 재벌 중심 경제가 한국의 경제성장에 기여해 왔다는 것을 보여 준다. 따라서 재벌 중심 경제로는 성장이 지속될 수 없다거나 둔화될 수밖에 없다는 사실을 전제로 재벌 개혁을 말할 수는 없을 것이다. 여기에서 문제가 되는 것은 총량적 경제성장에 대기업이 얼마나 기여하느냐 아니냐가 아니다. 문제는, 그들의 성장이 얼마나 고용에 기여하고, 그들의 경제행위가 사회적 배분에 얼마나 기여할 수 있느냐이다.

다만 여기에서는 '경제민주화'라는 말이 무엇을 의미하는지 생각해 볼 필요가 있다. 우선 나는 경제민주화라는 말에 큰 의미를 부여하지 않을 뿐만 아니라, 그 말 자체가 긍정적이기보다 부정적인 의미가 더 크다고 생각한다. 왜냐하면 이 말은 민주주의라는 말을 지나치게 확대해서 이해하도록 함으로써 민주주의의 의미를 오해하도록 하고, 그 의미에 너무 많은 부담을 안겨 주기 때문이다.

앞에서도 언급한 바 있지만, 민주주의는 정치적 혁명이지 경제적 혁명은 아니다. 민주주의의 이상으로서의 평등과 현실 사이에는 엄청난 괴리가 있다. 여기에서 민주주의가 무엇인지를 상세하게 논할 필요는 없다. 다만 민주주의는 시민 주권, 다수결의 원리, 정치적 (참여의) 평등을 핵심으로 한 정치체제라는 점을 말할 필요가 있겠다. 현실에서 존재하는 사회경제적 불평등이, 민주주의가 보장하는 여러 정치적 권리들을 제약할 수 있다는 것은 분명한 사실이다. 다만 민주주의의 원리와 그에 기초한 제도를 통해, 그리고 그것을 수단으로 해서 사회경제적 평등을 확대해 갈 수 있는 정치적 기회는 늘 열려 있다. 그 기회를 통해 개선된 사회경제적 평등은 다시 민주적 권리를 확대하는 변증법적 상호 관계를 형성하게 된다. 이 양자를 좀 더 구체적으로 연결하는 것은, 일차적으로 표를 위해 경쟁하는 정당들이 취하는 가치, 열정, 정책 대안들이다.

노동 소외를 해소하고 빈부 격차를 개선하며 복지를 확대하는 등의 노동문제를 개선해 가는 일이든, 재벌 대기업의 소유 구조를 포함해 독과점을 규제하고 공정 경쟁과 자율적 시장경제를 진작해 가는 등 재벌 문제를 개혁하는 일이든, 이 차원의 문제는 민주주의의 원리, 규범 그 자체와는 다른 수준에 위치한다. 물론 재벌 개혁과 노동문제는 자본주의적 시장경제 및 생산 체제라는 동일한 차원에 위치해 있음에도 그 성격은 본질적으로 다르다. 재벌 개혁의 문제는, 경제 운영 방식 및 정책과 관련된 영역에 위치한다. 그와 달리 노동문제는 한편으로는 기업/자본에 대응하는 생산 체제와 시장경제라는 동일한 분야에서, 기업/자본에 대응하는 조직화한 노동자들의 문제이다. 그러나 다른 한편 개별 노동자들이 노조를 결성해 자본/기업에 공동으로 대응할 수 있는 것은, 결사의 자유와 같은 민주주의의 근본규범, 그로부터 도출되는 제도에 직결되는 문제이다. 물론 대기업들이 공동의 이익을 대변하기 위해 전경련과 같은 사용자단체를 형성할 수 있는 것도 노조를 결성할 수 있는 것과 같은 기본권 관련 제도임은 말할 것도 없다.

구태여 경제민주화라는 말을 사용하고자 한다면, 민주적 노사 관계, 사용자단체의 활동, 두 집단들 간의 상호 작용이 자유롭게 이루어지고, 그들 사이의 공동행위가 생산 체제와 시장경제에 일정한 영향력을 가질 수 있는 어떤 것, 어떤 조건을 말할 때이다. 따라서 경제민주화라는 말은, 재벌 대기업의 거버넌스는 물론, 중소기업에 고용되는 피용자들이 스스로의 권익을 표현할 수 있도록 조직될 수 있고, 이를 통해 좀 더 공정한 노사 관계를 건설하고 발전시키는 방향에서 사고할 수 있을 때 의미를 갖는다. (이 문제는 코포라티즘을 다루는 3장에서 상세히 살펴보도록 한다.)

발전된 사회에서 사회복지와 사회정책의 확대는, 정부와 사회가 어떤 이데올로기적 선호를 갖는지와는 무관하게, 선택 사항이기보다 정부의 필수적인 책무로 부상했다. 출산율 저하와 인구 고령화는 사회경제적 발전의 필연적인 산물이다. 현재 한국 사회는 노인 취업의 어려움과 빈약한 사회정책, 그에 따른 노인 빈곤, 노인 학대라는 새로운 이슈를 안고 있다. 그러나 이 영역에서 발생하는 문제를 다루는 한국의 사회정책과 복지 수준은 경제협력개발기구(OECD) 통계를 비롯한 여러 지표에서도 알 수 있듯이, 최저 수준을 면치 못하고 있다.

젊은 세대의 문제는 더욱 심각하고 중요하다. 청년들의 실업 증가, '금수저', '흙수저'라는 표현이 보여 주는 젊은 세대의 사회적 상향 이동 기회의 폐색 등의 현상은 암울한 현실을 여실히 드러낸다. 경제성장이 이 모든 문제를 해결할 수 있다는 낙관적 발전주의관은 이제 유효하지 않다. 국가가 감당해야 할 사회경제적 정책 사안의 범위는 과거에 비해 비약적으로 넓어졌지만, 이런 문제를 해결할 수 있는 국가 능력은 크게 미치지 못한다. 총량적 경제성장과 그에 기초한 정부 재정 기반의 확충을 포함해 대기업 중심의 성장 체제가 가져오는 수직적 경제 발전의 효과는 무한정 지속될 수 있는 것이 아니며, 사회에 성장 기반을 넓게 확대할 수 있는 수평적 성장으로의 전환이 필요하다.

신자유주의는 한국 사회의 경제 운영을 위한 독트린일 뿐만 아니라 사회 전체를 지배하는 중심적인 운영 원리이다. 그리고 보수는 누구보다도 이런 독트린을 추동해 온 경제 이념의 대표적인 담지자이자, 중심적인 정치적·사회적 동력이었다. 그러나 전 세계적 수준에서 신자유주의적 이데올로기의 헤게모니는 2008년 금융 위기 이래 뚜렷하게 약화되고 있다. 최근 미국의 트럼프 정부 등장과 영국의 브렉시트 현상, 런던 켄싱턴 지역의 그렌펠 타워 대형 화재 등은 이런 현상을 상징적으로 드러낸다. 독일, 스칸디나비아반도 국가, 네덜란드, 오스트리아 등 유럽연합 국가들 가운데 높은 경제 수행 능력을 보여 주는 국가들은, 금융자본이 주도하는 신자유주의적 세계화라는 환경에서도 노동시장 유연화 공세에 대응하면서 사회복지, 노동 보호, 높은 고용률을 유지하고 있다. 이 같은 높은 수준의 사회경제적 지표는, 전통적인 사회복지 체제와 신자유주의적 시장 경쟁의 원리를 적절하게 결합함으로써 성취를 이루고 있음을 보여 준다. 한국의 보수가 그런 경제 운영에 무감각해서는 안 된다고 생각한다.

③ 보수는 좀 더 자유주의적이어야 하고, 좀 더 다원주의적인 사회 구성 원리를 대변해야 한다.

보수/진보 사이에 전개되는 한국 정치의 갈등이랄까, 균열 구조에서 지극히 모호한 것은 자유주의의 문제이다. 다원주의는 자유주의가 정치적으로나 사회적으로 자리 잡을 때 실현되는 형태라고 할 수 있다. 따라서 자유주의가 약하면 다원주의 또한 강할 수 없다. 즉 다원주의의 발전은 자유주의를 전제하는 종속변수이다.

현대 한국의 보수는 '자유민주주의' 실현을 새로운 국가의 목표로 천명하면서 시작되었다고 할 수 있다. 이런 새로운 국가의 존재이유에도 불구하고 자유주의가 부재한 것, 자유주의가 한국 사회에서 일정하게 둥지를 틀지 못하고, 정치와 사회 영역에서 이념으로서의 영향력이 미미한 것은 커다란 아이러니이다. 한국 현대사에서 자유주의의 취약함은 말할 것도 없이 분단 상황에서 강력한 국가 건설에 대한 요구, 그리고 그와 필연적으로 동반하게 되는 국가주의 때문이다. 역사적으로 볼 때 강력한 국가주의가 등장한 데는 특히 두 요소를 지적할 수 있다.

첫째, 한국 사회가 냉전의 소용돌이에 휘말려 분단된 상태에서 국가를 건설해야 했을 때, 정치적·문화적·철학적 수준에서 자유주의의 기반은 존재하지 않았다. 자유주의를 토착화하기 전에 북한의 공식 사상인 마르크스주의와 먼저 투쟁해야 했다는 점이 중요하다. 그에 대응했던 이념은 냉전 자유주의 또는 보수적 민족주의, 혹은 그것을 뭐라고 부르든 강력한 집단주의적 가치 혹은 열정이라 하겠다. 특별한 환경에서 국가를 건설해야 했던 조건은 자유주의를 수용할 정치적 환경과 시간적 여유를 허용하지 않았다. 뒤이은 한국전쟁은 그런 제약 조건을 더욱 강화하는 데 기여했다.

둘째, 1960~70년대 권위주의 국가에 의한 국가 중심의, 위로부터의 산업화에 따른 결과이다. 그것은 왕정 중심의 구질서에 대항해 신흥 세력인 상업적·산업적 부르주아가 등장하고, 그들의 이념으로서 자유주의가 발전했던 서구 사회의 토양과는 근본적으로 다른 환경이었다. 한국의 부르주아지(그렇게 부를 수 있다면)는 기본적으로 국가에 의해 창출된 기업 엘리트들로서, 그들은 태생적으로 국가권력으로부터 자율적이 되기 어려웠다. 그들은 자유주의의 담지자가 아니라 발전 국가의 프로젝트를 수행하는 관치 경제의 견인차이자 파트너로서의 역할을 했다.

강력한 국가주의는 민주주의를 위해서도 결코 좋은 조건이라고 말할 수 없다. 민주화 이후에도 우리는 이런 조건과 마주하고 있다. 최근 박근혜 정부의 실패는 국가주의와 권위주의가 결합하면서 만들어 낸 결과물이라 할 수 있다. 그러나 민주파들에 의해 국가주의가 도전받는 것이 아니라는 점 또한 중요하다. 흥미로운 것은, 민주화의 주역인 젊은 세대의 민주파 또는 개혁자들이 더 강력한 국가주의적 이념과 열정으로 충만해 있다는 사실이다. 촛불 시위를 움직였던 힘도, 그 결과 등장한 문재인 정부도 자유주의적 가치와 이념을 추구한다고 보기 어렵다.

진보 세력은 경제성장과 개혁 정책을 밀고 나가는 데 있어 국가 주도, 국가 중심성이라는 점에서 더 강력한 국가주의적 성향을 갖는다. 그들에게 국가는 개혁의 동력이다. 그들의 정부는 민주적으로 선출되었기에 시민 주권자들로부터 통치의 '위임'(mandate)을 받았고, 그러므로 국가 과업을 수행하는 정부는 사적 경제 영역을 지휘하고 통제할 수 있다고 생각할 것으로 보인다. 모든 사회 영역 위에 국가가 군림할 수 있다는 생각은 한국 사회에서 보수나 진보나 큰 차이가 없다.

진보적 개혁파들은 국가권력을 통해 재벌 대기업을 포함하는 사적 경제 영역을 재구조화할 수 있다고 믿는다는 점에서 보수파들과는 다른 방향에서 강한 국가주의적 의식을 갖는다. 민주화는 개혁적인 정부들을 탄생시켰고, 권위주의 국가의 보수적인 권력자들을 진보적인 민주파(진보파가 선거에서 승리했을 경우)로 대체했지만, 국가권력이 행사되는 방식과 범위는 사실상 변한 것이 없다.

20세기 후반 진보적 자유주의를 대표하는 정치철학자이자 이론가인 이탈리아의 노르베르토 보비오(Norberto Bobbio)는 자유주의는 '제한 국가'(limited state)가 핵심이라는, 자유주의에 대한 가장 간략한 정의를 제시했다. 자유주의는 세속적인 국가권력에 대응해 개인의 신앙과 내면적 양심의 자유를 옹호하는 데서 시작됐고 그것을 본질로 한다. 그러므로 자유주의는 국가권력과 개인의 자유/인권 사이의 긴장 관계에 위치한다. 현대의 민주주의 헌법은, 한편으로 시민들에 의해 선출된 국가가 시민들을 어떻게 효과적으로 통치할 수 있는가 하는 차원과, 다른 한편 이런 국가권력을 통한 통치행위가 어떻게 남용되지 않도록 제약할 수 있는가 하는 양자 간의 관계와 균형을 제도화한 것이다. 다시 말하지만, 기본적으로 자유주의는 국가의 범위와 권력을 제한하는 '제한 국가'를 본질로 한다.

그러나 한국민들은 선출된 국가권력의 범위가 어디까지인지를 분명하게 인식하지 못한다. 공익을 추구하고 실현하는 역할을 주권자로부터 수임받은 국가권력이 개인의 양심과 내면의 사상까지 바꿀 수 있다고 생각할 수 있고, 사적 경제 영역에서 기업의 자율성을 인정하지 않을 수도 있다. 국가 만능, 국가주의의 과잉과 자유주의의 허약함이 맞물린 한국의 정치 문화 내지 전통은 한국 민주주의가 선출된 권력에 의한 전제정, 즉 알렉시 드 토크빌(Alexis de Tocqueville)과 존 스튜어트 밀(John Stuart Mill)이 말했던 '다수의 전제정'으로 변질될 위험성을 안고 있다. 한국에서 민주주의는 어떻게 강력한 국가주의와 공존할 수 있었는지, 이를 어떻게 개선할 수 있었는지에 대한 쉽지 않은 과제를 풀어나가지 않으면 안 된다.

다원주의는 사회 구성, 사회구조의 한 특징을 의미하는 것으로, 국가권력으로부터 독립적인 자율적 결사체들을 통해 사회 구성원들의 이익과 열정, 의견과 가치를 구현하는 것을 가장 중요한 사회적 특성으로 이해한다. 그렇기 때문에 국가와 개인 사이에서 존재하고 행위하고 확장돼 있는 시민사회라는 중간 층위의 사회적 영역 내지 공간을 중시한다. 이런 시민사회는 자유주의가 사회적·집단적으로 표출되는 사회적 형태로 나타나기 때문에 '자유주의의 사회적 발현'이라고 볼 수 있을 것이다. 하지만 자유주의가 허약하거나 존재하지 않는 경우라 하더라도 경제와 사회의 발전과 기능 분화에 따라 다원화의 압박은 피하기 어렵다.

민주주의와 관련해 특히 다원주의는 민주주의 발전의 중심적인 정치적·사회적 기반 이상의 의미를 갖는다. 현대 민주주의 이론을 만들어 낸 대표적인 이론가들, 즉 로버트 달(Robert Dahl), 노르베르토 보비오, 조반니 사르토리(Giovanni Sartori)는 "다원주의가 있을 때 민주주의가 존재한다."라고 말했다. 달은 아예 민주주의 자체를 다수에 의한 지배가 아니라, '다원적 이익들의 결합으로 형성된 다수에 의한 지배'를 의미하는 '폴리아키'(polyarchy)라고 정의했다.

그리스말로 폴리(poly)는 영어로 많다는 뜻의 many를 의미하고, 아콘(archon)은 영어로 통치자들을 가리키는 rulers를 뜻한다. 즉 '다수의 통치자/지배자'라는 뜻이다. 그래서 이상으로서의 민주주의가 아니라, 실제로 하나의 정치체제로서 발전해 온, 현실에서 존재하는 민주주의는 특정의 사회집단이나 개인들의 집합적 의사를 대변하는 정당들의 성장과 더불어 전개되어 오면서 우리가 지금 민주주의라고 부르는 정치체제로 발전해 왔다는 것이다. 권위주의는 이런 다원주의를 제한하는 것을 본질로 하므로 흔히 '제한적 다원주의'(limited pluralism)라고 정의한다. 말하자면 다원주의는 민주주의의 근본 토대이다. 민주화 이전 한국의 권위주의 체제하에서 다원주의는 이런 이유에서 억압된 것이다. 그러나 민주화 이후에도 과거의 제한적 다원주의는 자유주의적 다원주의로 뚜렷이 전환되지 못했다.

박근혜 대통령의 탄핵 사유를 조사하는 과정에서 우리는 승마협회의 비리를 조사한다는 명목으로 어느 날 문광부 관료들이 그 산하의 2천여 개가 넘는 문화·체육 단체들을 소집해 감사했던 과정을 들여다볼 수 있었다. 자율적 결사체에 대한 관료의 통제가 자유주의적 다원주의의 모습이 아님은 말할 것도 없다. 풀어 말하면 다원주의가 민주화 이전이나 이후나 한국 사회에 발붙이기 어렵다는 점은 비슷하다. 자율적 결사체에 대한 여러 형태의 제약과 그로 인한 허약함은 권위주의의 중요한 유산 가운데 하나이다. 이 문제는 강력한 국가와 허약한 자율적 결사체, 허약한 다원주의에 기초한 허약한 시민사회라는 등식으로 표현될 수 있을 것이다. 강력한 국가와 강력한 시민사회는 현실에서 병립하기 어렵다.

국가권력이 청와대와 관료 행정 체제로 집중된다는 말은, 법과 정책이 산출(output) 중심으로 이루어지고, 권력이 관료 행정 체제의 정점으로부터 사회로 하향적으로 행사된다는 것을 의미한다. 이와는 반대 방향으로, 즉 결정 과정에서 사회의 여러 다원적 결사체들이 그들의 이익·가치·열정을 조직하고 대변해 정당을 매개로 그들의 요구가 공공 정책 결정 과정에 접맥되도록 한다면 정책의 투입(input) 측면이 강해질 것이다. 그렇게 될 때 관료 행정 체계보다는 정당과 의회의 역할이 커지고 상향적으로 흐르는 투입 과정이 강화될 것이다.

한국 정치에서 결정 과정은 압도적으로 하향적인 특징을 보인다. 이런 현상은 권력이 대통령을 정점으로 집중되는 동안 의회, 정당, 이익 결사체와 같은, 사회적 이익을 대표하고 조직하고 매개하는 밑으로부터의 기제들이 허약하기 때문에 발생한다. 대통령으로의 권력 집중은 선거를 통해 대통령에게 모든 결정, 모든 권력이 '위임'된다는 인식으로 말미암아 가능해진다. 나는 다른 곳에서, 이런 민주주의에 대한 인식을 '국민투표제적 민주주의'라고 규정한 바 있다. 그것은 다원주의 없는, 또는 다원주의가 허약한 민주주의의 모습을 의미한다.

이는 대통령의 선출이, 국가가 다루고 처리해야 할 모든 사안에 대한 결정권을 대통령에게 부여하는 절차라고 생각하는 믿음의 결과라고 할 수 있다. 지난날 권위주의적 산업화를 통해, 그리고 1990년대 이후 신자유주의의 과격한 도입을 통해 역설적으로 대통령 권력은 비대해질 대로 비대해졌고, 국가의 범위는 사적 경제 영역으로 확대될 대로 확대됐다. 박근혜 대통령의 불행은, 법적으로 주어진 대통령의 권력/권한 밖으로 권력이 비대해지고 확대된 결과, 대통령 스스로 '법 위에 초월적으로 군림'할 수 있다는 의식의 결과물이라 할 수 있다.

이 점과 관련해 한국 정치의 중요한 특징 가운데 하나인 운동의 큰 역할에 대해 생각해 볼 필요가 있다. 운동이 강하다는 것은 자율적 이익 결사체의 허약함과 대조를 이룬다. 또한 운동의 정치적 역할은 정당보다 크다. 대규모 운동의 역할은 지난해 촛불 시위를 통해 다시 한 번 입증되었다. 그리고 이런 운동 내지 운동의 정치는 보수보다도 진보의 강점이라고 할 수 있다. 한편, 국가에 의존하고 국가에 힘입어 좋은 시절을 보냈던 보수는, 민주주의 발전의 결과, 그리고 지난 대통령 탄핵 과정에서 보수적 정당의 와해로 말미암아 이제 국가권력, 국가기구의 보호와 지원을 기대할 수 없게 되었다.

보수가 자율적 결사체의 강화와 그것을 통한 다원주의적 사회 발전을 자신들의 모토로 내세우지 않아야 할 이유는 없다. 전통적 가치, 공동체적 유대, 관료행정 조직에 의거한 수혜 관계의 조직망들, 지방의 기업적·사회적 조직들과의 유대, 조직을 운영해 본 경험과 경영 마인드의 상대적 우위는 보수의 중요한 자산이다. 또한 그것은 민주주의를 떠받치는 사회구조의 핵심 부분이기 때문에 이익 결사체를 강화함으로써 민주주의의 저변을 강화하고, 민주주의 발전에 기여할 수 있다.

진보 역시 결사체가 중심이 되는 다원주의의 중요성을 생각해야 한다. 개혁을 위해 운동에만 집중적으로 의존한다면, 급진적인 요소를 함축하는 광범위한 개혁들은 결사체로 조직화된 특수 이익들로 인해 실패할 가능성이 크다. 보수가 유지하고자 했던 특수주의적이고 지방적이고 기업적인 이해관계들에 의해 저항에 부딪힐 수 있기 때문이다. 개혁들이 사회에 지지 기반을 갖지 못하거나 약한 경우, 현 정부의 개혁 프로그램들은 다음 선거에서 정권이 교체될 때 지속되지 못하고 무너질지도 모른다.

청와대 중심적 결정 방식에서는, 사회의 다양한 이익·요구·의사·가치가 정당이나 이익집단을 매개로 하거나, 사회에서 밑으로부터 투입될 수 있는 채널이 열려 있지 않다. 말하자면 기업 집단이든, 노동 집단이든 이해 당사자들이 정부의 정책 결정이 이루어지기 전에, 또는 그 결정에 영향을 주기 위해 자신들의 대안적 요구나 의사를 투입할 수 있는 제도화된 채널이 사실상 존재하지 않는다.

더 단순하게 말해 보자. 정책 결정은 대선 캠프의 경제 전문가 집단들, 또는 대통령의 해당 부문 수석 비서관으로서 대통령의 생각과 의지를 해석하고 이해하는, 지식인 전문가 집단, 경제 관료 테크노크라트들의 소관 사항이다. 다만 정책에 이해관계가 있는 이해 당사자들은 이미 결정된 정책 내용에 일정하게 반응할 기회가 부여될 수 있을지 모른다. 그리고 그들이 만들어 낸 정책의 피드백은 이해 당사자 집단이 아닌 언론에 의해 수행된다. 언론의 역할은 정책의 이해 당사자들을 대행하는 것이다.

경제를 주도하는 것은 국가권력이고, 그러므로 국가의 범위는 사적 경제 영역을 포함하는 사회 전반으로 확대되기에 이른다. 따라서 이 과정에서 언론은 이런 정책 결정 과정의 필수적인 동반자 역할을 갖게 된다. 그러나 또 다른 측면이 지적될 수 있다. 만약 정권이 진보에서 보수로, 또는 보수에서 진보로 교체된다고 할 때, 이런 결정 방식으로 만들어지는 개혁은, 대체로 그 강도가 세면 셀수록 큰 진폭으로 앞선 정책 내용들을 반전시키려 할 것이다. 그리고 실제로 그렇게 될 가능성이 크다.

물론 경제정책 결정 과정만이 이런 패턴을 갖는 것은 아니다. 농업 부문에서 농민과 관련된 정책 결정 역시 산업부문의 그것과 다르지 않다. 수출산업과 농업 간에 이해관계가 충돌하는 외국과의 자유무역협정 사례 또한 동일하다. 한국-캐나다 자유무역협정은 일정한 협상 과정을 거친 뒤 박근혜 정부 시기인 2015년 발효했다. 우리는 이 자유무역협정을 협상하는 과정에서 정부의 협상자들과 이해 당사자인 농민 대표들이 의미 있는 협상 과정을 거쳐 협정이 타결됐다는 소리를 들어 본 적이 없다. 그것 또한 수많은 밀어붙이기식 결정의 하나였을 뿐이다. 협상 타결의 결과는, 언제나 되풀이되듯이 자동차 및 전자 산업에는 이익을, 농축 산업에는 불이익을 가져올 뿐이다. 무역협정의 타결은, 국가가 정책적으로 꾸준히 펴왔던 수출 중심의 성장 정책을 반영하는 것이고, 동시에 수출 주도의 제조업과 전통적인 농축 산업이라는 두 산업부문 간 힘의 불균형을 다시 한 번 반영할 뿐이다. 농축 산업의 생산자 집단의 힘은 수출을 주도하는 대기업 중심의 자동차 산업에서 내세우는 요구에 비해 비교할 수 없을 만큼 허약하고, 정책 결정 과정에 참여는커녕 접근 자체가 어렵기 때문이다. 환태평양경제동반자협정(TPP)의 경우도 결정 과정의 양상은 동일하다.

동일한 사안에서 일본을 비교 사례로 들어 보자. 일본의 경우 정책 결정 방식은 근본적으로 다르다. 이해 당사자들인 농민들의 이익과 요구를 대표하는 결사체인 일본농업협동조합(노쿄)의 역할은 뚜렷하다. 결사체를 통한 농민들의 요구는 협상 과정에서 정당을 매개로 결정자인 정부로 대표될 수 있기 때문이다. 농민들은 자민당의 장기 집권을 가능하게 했던 핵심 지지 기반의 하나였으며, 농민의 이익을 대표하는 것은 정당의 주요 정책 가운데 하나이다. 지지 기반이 취약한 민주당이 자민당과 경쟁하기 위해 농민이라는 지지 기반을 중요시하는 것 또한 당연하다. 2013년 TPP 협정을 위해(일본은 2016년 가입했다) 보르나이 회의에 참석한 민주당의 노다 요시히코(野田佳彦) 일본 총리는 일본의 협정 가입 여부를 묻는 기자의 질문에, "농민을 어떻게 설득할

것이냐가 문제이기 때문에, 지금으로서는 알 수 없다."라고 대답
했다. 한국 정부를 이끄는 사람이라면 그렇게 대답하지 않았을
것이다. 정부의 입장 내지 정책 결정은 이해 당사자와의 상호 조
정 이후에 가능하다는 발상 자체가 없기 때문이다.

얼마 전 나는 코포라티즘을 주제로 한 신문 칼럼에서 '사적
이익 정부'(private interest government)라는 생경한 말을 사용한
적이 있다. 그 말은 정치학자 필립 슈미터(Philippe C. Schmitter)
와 독일의 사회학자이자 정치경제학자인 볼프강 슈트리크(Wolf-
gang Streeck)가 발전시킨 개념이다.● 코포라티즘이라는 말은 특
정의 기능적 영역에서 이익을 공유하는 성원들을 독점적으로 조
직하고, 그들의 의사와 요구를 대변하는 이익 결사체의 조직 형
태를 가리킨다.

그 대표적인 사례가 기업들의 사용자단체와 노동조합이다. 나
아가 사용자단체와 노조는, 기업 운영 방식에서부터 노동자교육
의 운영, 기업 내 복지, 임금 결정, 노동시간, 노동조건, 작업 배치
와 보직 등에 이르기까지 기업 운영 및 노동문제와 관련된 거의

● 최장집, "노사간 대타협과 코포라티즘", 『중앙일보』 2017/07/10. '사적 이익 정부'
에 대해서는 다음 문헌을 참고한다. Wolfgang Streeck and Philippe C. Schmitter
eds., *Private Interest Government : Beyond Market and State* (Sage Publica-
tions, 1985).

모든 사안을 협의하고 합의점을 찾아 공동으로 운영하는 협력적 구조를 발전시킨다. 여기에 정부 또는 공익 대표가 참여할 때 노사정 3자 협력 구조가 만들어진다. 이는 기업 운영과 노동문제를 다루고 풀어 나가는 공동의 협력 방식이라고 할 수 있을 것이다.

이런 일들이 정부 정책을 통해서라기보다 사적 이익을 실현하는 과정에서 사적 경제 영역에서 발생하고 있기 때문에 이를 '사적 이익 정부'라고 표현하는 것이다. 말하자면 기업 이익과 노동 이익은 어디까지나 사적 이익이며, 이들의 사적 이익을, 공동의 협력 체제를 형성해 관리·관장하고 실현해 나간다는 점에서 '정부'라고 표현하는 것이다. 정부란, 반드시 국가가 중심이 되어 공익을 실현하는 공적 과업에만 붙이는 명칭은 아니기 때문이다. 국가는 노사 간의 공동 과업에 직접적으로 관여되어 있지 않고, 또 관여한다 하더라도 최소한으로 국가정책에 부응할 수 있는 방향에서 양자 간의 차이를 조정하고 그것을 지원하는 소극적 역할을 할 뿐이다. 이를 위해 노사 간 힘의 균형을 이끌어 주고 이들이 동등하게 참여할 수 있는 협상 테이블을 만들어 가는 일이 중요하지 않을까 한다.

우리나라에서는 '거버넌스'라는 말을 협치(協治)로 번역해서 많이 사용하고 있다. 그러나 협치라는 말은 중앙정부 또는 지방자치단체가 중심이 되는 정책 영역의 관료 공직자들과, 그 정책을 집행하는 사적 영역에서 활동하는 인사들, 예컨대 지식인 전문가들이나 그룹, 시민운동의 활동가들이 협력해서 공공 정책이나 공적 업무를 집행한다는 의미 이상을 갖지 못한다. 사적 행위자들이나 집단들이 공적 업무를 수행하는 데 이니셔티브를 갖거나, 정책 어젠다를 선도하고 대안을 투입하는 경우란 흔치 않다. 더욱이 기업과 노조의 이해관계가 크게 걸려 있는 문제들에 대해 그들이 협의하고 합의해 공동으로 수많은 문제들을 풀어 나가리라고 상상하기는 어렵다. 이런 상황에서 '사적 이익 정부'라는 말은 그 자체로 생소하고 이해할 수 없는 말처럼 들릴 것이다. 그러나 실제로 독일을 비롯한 유럽의 여러 나라들에서, 비록 만족스럽지 못한 수준일지는 몰라도, 그런 방식으로 노사 간의 문제를 풀어 나가고 있다. 문재인 정부의 4대 경제정책이나 복지 정책의 많은 부분 역시 '사적 이익 정부'가 관장할 수 있는 영역들이다.

그러나 한국의 경우 국가가 모든 주요 사회 경제 정책을 주도하고 집행하고 관장한다. 그럴 경우 정부의 개혁 의지가 강하고 개혁 정책이 야심 찰수록 국가권력은 더 커져야 하고, 국가의 권력·권한의 범위는 더 넓어질 수밖에 없다. '강한 국가'의 역설은 개혁 정책이 강하고 많을수록 효과적으로 집행하기 어렵다는 점이다. 그것은 집행 비용을 높이고, 지대 추구의 기회를 확대하며, 감시 감독의 비용을 높이게 되는 규모의 문제에 봉착하기 때문이다.

앞에서 언급한 나의 칼럼을 본 한 제자가 "'사적', '이익', 그리고 그것을 실현하는 '정부'를 지칭하는 '사적 이익 정부', 이 표현을 구성하는 단어들은 모두 우리 사회에서 수용되기 어려운 말들이네요."라고 날카롭게 지적했다. 그렇다. 한국에서 '사적'이라는 말 자체는 공적인 것에 대해 하위 개념이고, 그래서 열등하다. '이익'이라는 말 또한 공익, 국가이익에 해악이 되면서 흔히 '집단 이기주의'라는 말로 표현되는, 공익에 반하는 이기주의, 탐욕이나 부패라는 말과 연결되는 어떤 것이다. 이처럼 정당성을 갖지 못하는 이익의 추구를 실현하는 정부라는 말은 그것 자체가 의미 있는 개념으로 성립되기 어렵다고 하겠다.

그러나 사적 이익은 공익을 위해서도 필요한 개념이고 또 인간 행동에서 가장 중요한 원초적 에너지이다. 내가 속한 집단의 이익이 중요하기 때문에 다른 집단의 이익도 중요하다는 관점이 교환되지 못하면 공익은 만들어질 수 없다. 일찍이 애덤 스미스(Adam Smith)는 『도덕감성론』(1759)에서 "그 자체가 이미 긍정적인 부분적 요소들의 합은 긍정적인 결과를 만들어 낸다."라고 말하지 않았던가. 그리고 이어서 "사회를 위한 기초는 사회를 위한 인간의 사랑이고 사회를 위한 질서이다. …… 그런 사회와 그런 사회적 질서가 가능할 수 있는 것은 인간의 행위를 지배하는 도덕적 감성이라 하겠는데, 그런 감성은 개인들 간의 긍정적 상호 작용을 만들어 내는 데 긍정적으로 작용하는 것이어서, 인간 감성의 전체적인 구성적 특성은 일반 의사의 직접적 개입 없이도 사회가 존재할 수 있는 어떤 것이다."● 라고 말하지 않았던가.

　코포라티즘은 자유주의적 다원주의의 변형, 또는 미국의 자유주의적 다원주의가 발전한 이익 결사체의 유형이다. 한국에서도 사적 이익 정부가 발전할 수 있다면, 중앙정부와 지방정부가 해야 할 정책 결정과 집행 비용을 획기적으로 줄이고, 재정 부담도 줄이고, 국가의 규모 자체를 줄이면서 정책 결정자들이 의도하는 것보다 더 큰 효과를 거둘 수 있지 않을까.

　앞에서 나는 보수가 경제 운영과 정책 방향에 있어, 좀 더 사회의 중하층, 소외 계층에게 더 많은 혜택이 돌아갈 수 있도록 좌우 횡축 위에서 좀 더 중앙 쪽으로 좌표를 이동했으면 하는 희망을 피력했다. 또한 보수가 좀 더 자유주의적 다원주의의 방향으로 정책 비전과 노선을 변경할 것을 제언했다. 그것은 횡축과는 다른 종축으로 표현될 수 있다. 종축이 횡축과 교차하는 지점인 제로 지점에서 위쪽 방향의 공간이 국가주의, 국가 중심성의 크기를 표현한다면, 아래쪽으로는 자유주의적 다원주의 내지는 자율적 결사체들이 행위 주체가 되는 코포라티즘적 공간을 표현한

● 이 『도덕감성론』 구절은 Martin Carnoy, *The State and Political Theory* (Princeton U.P., 1984), p. 26에서 재인용. 본문을 보려면 Adam Smith, *The Theory of Moral Sentiments*, edited by D. D. Raphael and Al L. Macfie (Liberty Fund, 1984), pp. 163-167. 그리고 한국어판은 박세일·민경국 공역, 『도덕감정론』(비봉출판사, 1996, 2009), 302-305쪽.

그림 2

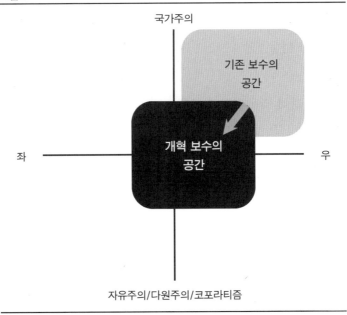

국가주의

기존 보수의
공간

개혁 보수의
공간

좌

우

자유주의/다원주의/코포라티즘

다. 경제 영역, 경제 운영에 있어 국가 개입 내지는 국가 중심 개혁의 강도가 높을수록 위쪽 공간에 위치한다면, 비국가적 사적 공간은 아래쪽에 위치한다. 그것은 앞에서 인용한 애덤 스미스의 생각에 크게 부응하는 영역이기도 하다. 이 경우 보수는 아래쪽에 위치할 수 있다(〈그림 2〉 참조).

　이는 단순히 희망 사항이거나 가상적인 상황은 아니다. 자유주의에 기초한 자본주의와 민주주의의 선발 국가들인 서구 사회의 경우, 기업 이익을 대변하는 정치 세력은 시장경제 영역에서 자유주의적 다원주의를 확고하게 지지하는 경향을 보였다고 할 수 있기 때문이다. 어쨌든 한국의 정당 간 정치 경쟁 및 갈등을 염두에 둘 때, 국가주의에 비해 자유주의적 다원주의의 공간이 넓어지는 것은 발전적 현상으로 이해할 수 있다. 그리고 그 공간은 한국에서는 누구에 의해서도 점유되지 않고 있다. 이는 그만큼 국가주의, 국가 중심성의 위력이 강하다는 것을 의미한다.

④ 한국의 보수는 남북한 관계에서 좀 더 평화 지향적이어야 한다.

남북한 간의 민족문제를 해결하는 데 있어 평화공존을 통한 길 이외에 다른 어떤 대안이 존재하지 않는다는 점에서, 이는 이성적인 접근이라고 생각한다. 북한과 평화공존을 최우선의 목표로 설정하는 것은 그동안 보수파들이 말해 왔던 친북 노선이나, 극보수가 말하는 종북주의가 아니다. 최근 북한은 또 다른 미사일 실험을 단행했고, 머지않아 대륙간탄도탄이 미국 본토를 공격할 수 있는 수준에 이를 것이라고 많은 관찰자들이 예측하고 있다. 지금 우리는 북한의 핵무기/미사일 개발이 가공할 수준에 이르렀고, 이 상황에 잘못 접근하고 대응할 때 엄청난 위험을 초래할 수 있는 현실에 직면해 있다. 한국 사회에서 지금까지 남북한 관계를 이해하고 대응했던 방식, 즉 반북이냐 친북이냐 하는 이분법으로는 문제를 해결할 수 없음이 분명해졌다.

또한 우리는 핵무장을 한 북한을 남북한의 안정적인 평화공존이 가능한 상호 관계의 틀 속으로 어떻게 끌어들일지의 절박한 과제를 안고 있다. 간략히 말하면 지금까지의 남북한 관계와는 질적으로 다른 대북 정책의 패러다임 전환이 요구된다. 그것은 최대 정의적(maximalist) 목표 추구에서 최소 정의적(minimalist) 목표 추구로의 전환을 내용으로 한다. 최대 정의적 목표 추구는 북한에 대한 군사적·사회경제적 힘의 우위를 통해 북한을 힘으로 굴복시키고, 민족 통일을 성취하는 것이다.

얼마 전까지만 해도 이런 통일 방식이 평화를 가져오리라는 강한 기대감을 불러온 바 있다. 그것은 앞선 보수 정부들이 시도했던 대북 정책의 본질이다. 이런 정책은 한반도 통일이 한반도 비핵화를 위해 신뢰할 만한 유일한 길이고, 평양 정권의 붕괴야말로 통일을 위한 유일한 길이라는 믿음에 기초한다. 그러나 우리가 나아가야 할 길은 이런 주장과는 정반대여야 한다고 믿는다. 평화가 통일에 있다고 말하는 명제를 넘어서, 그 반대의 대안을 발견하는 것이 우리의 당면 과제가 되어야 한다. 통일이 평화를 가져온다는 관점 내지 그에 기초를 둔 대북 정책이 공허한 내용밖에 갖지 못한다는 것은 오늘의 남북한 간 상황이 분명히 말해 준다.

그렇다고 김대중-노무현 정부가 취했던 '햇볕 정책'을 통한 대북 유화 정책과 아울러 화해협력, 평화공존이 성공한 것도 아니다. 햇볕 정책만으로는 북한의 핵무장화를 억제할 수 없었을 뿐만 아니라, 국내 보수의 지지를 끌어내지 못했고, 미국의 대외 정책에서 강경 노선을 주도했던 네오콘과 부시 정부의 동의를 끌어내지도 못했다.

평화공존을 대북 정책의 최우선 목표로 전제하지 않고, 핵무기에 대응하는 것을 포함한 군사적 대응, 안보만을 목표로 한다고 할 때 선택의 여지는 협소하다. 그러기 위해서는 항시적인 군사·안보 체계를 강화하는 유사 전시체제의 유지 외에는 다른 대안이 존재하기 어렵기 때문이다. 힘의 우위를 통해 북한을 굴복시키려는 대북 적대 정책은 북한을 '주적'으로 설정하는 것으로 잘 표현된다. 국가 목표와 과업이 그렇게 설정될 때 우리는 북한에 대한 증오와 전쟁을 불사하는 적의를 강조하지 않으면 안 된다. 강렬한 적의는 국민 개개인들이 지녀야 할 미덕이 되고 태도가 돼야 한다. 그 경우 우리의 국가 목표는 너무나 부정적·소극적인 것을 지향하는 것이 되고, 그러면서도 항시적인 전쟁 위험을 안고 살아야 하는 사회로 퇴행할 수밖에 없다. 왜 우리 사회를 이런 전쟁의 공포와 위험이라는 쇠창살에 가두어야 하는가?

그와는 반대로 미래 지향적이고, 보편적이고 개방적이고, 따라서 긍정적이고 적극적인 가치와 목표를 추구하는 것이 더 바람직하지 않은가. 어떻게 민주주의의 가치와 제도를 확대하고 고양할 것인가, 어떻게 한반도에서 평화를 정착시킬 것인가, 이데올로기로 분열된 공동체를 어떤 방식으로 통합할 것인가를 우리 스스로에게 물어야 한다. 이런 문제는 이미 독일이 실현한 바 있고, 그것을 위한 하나의 모델을 제시한 바 있다.

남북한 간 적대 관계를 이데올로기적으로 활용해 국내의 보수 대 진보, 또는 정당 간의 정치 경쟁 관계로 전치시키지 않아야 한다. 과거 권위주의 체제의 중요한 특징 가운데 하나는 민주적 가치를 강조하는 비판 세력을 친북 용공 세력으로 전치시킴으로써 정치적 반대 세력을 억압했던 것이다. 냉전 반공주의를 다시 불러오면서 정치를 이데올로기화할 때, 그것은 반대 세력을 억압하는 데서 끝나는 것이 아니라, 정치 경쟁의 이념적 공간을 과격하게 좁히고, 사상적 자유를 억압함으로써 우리 사회의 지적 수준과 상상력, 창의력을 무한히 좁히는 결과를 가져오게 될 것임이 분명하다.

민주주의하에서도 특히 보수정당, 보수 세력은 민주·진보·개혁 세력 등 뭐라고 부르든, 이들을 용공·친북·좌경으로 호명함으로써 그들을 다스리려는 행위를 되풀이해 온 결과 이런 행위는 거의 관행이 되기에 이르렀다. 이런 관행은 지난날 보수들이 쉽게 지배할 수 있도록 했던, 매우 효과적이고 간편한 이데올로기적 자원이었다. 한국 정치에서 숱한 색깔 논쟁은 이런 상황을 잘 보여 준다. 민주화가 정착됨에 따라 이런 호명이 불러오는 효능은 점차 약해졌지만 그럼에도 여전히 용공·친북·주사파·종북 등으로 호명을 바꾸면서 지속돼 왔다. 심지어 지난 대선 때는 극

보수를 대표하는 자유한국당의 대선 후보가 문재인 정부를 '종북 정권'이라고 호명했다. 그러나 이런 이데올로기적 호명이 의도하는 효과는 과거에 비해 비교할 수 없이 약해졌다. 그런 호명은, 진보와 진보적인 정부에 위해를 가하기보다는 오히려 보수의 건강한 재건을 논의하고 탐색하지 못하게 하는 큰 장애 요인으로 작용한다. 그것은 그들 자신을 정신적·지적 유아로 만드는 부메랑으로 돌아올 수밖에 없다.

4. 새로운 보수의 길 : 결론을 대신하여

한국 보수의 쉬운 승리와 집권을 허락했던 조건은 변했다. 보수의 나태와 타락은 이제 정치적으로 용인되기 어렵다. 한마디로 좋은 시절은 끝났다. 이제 정당을 통한 선거 경쟁만이 아니라, 그보다 더 중요한 질문에 답할 때가 됐다. 한국 사회가 어떤 모습으로 발전해야 하는가, 어디로 나아갈 것인가를 둘러싼 이념과 가치, 비전이 다투는 자유경쟁의 시장으로 나아가야 한다. 그렇기 때문에 보수는 스스로 존립하기 위해서라도 변하지 않으면 안 되는 상황에 이르렀다.

변화를 위해 무엇보다 중요한 것은 국가(지원)로부터 홀로서기, 즉 정치적 자립이며, 이를 위해서는 민주주의를 통한 통치를 담당할 수 있는 최소한의 이념적 성장이 필요하다. 그동안 우리는 한국 사회에서 보수가 무엇이고 또 무엇을 해야 하는지에 대해 성찰해 보지 않았다. 우리가 보수니 진보니 말해 왔지만, 이런 구분이라는 것은 실체 없이 붕 뜬 상태에서 편의적으로 말해 왔다고 할 수 있다. 정치 현실 속에서, 한국 사회의 공론장에서 보수와 진보의 의미가 정확하게 정의됐다고 보기 어렵다.

권위주의 체제 안에 있었는지, 밖에 있었는지가 보수와 진보의 가장 중요한 구분선인가? 어느 지역 출신이며, 학생 시절 민주화 운동에 참여했는지 하지 않았는지, 어떤 정부에서 일했는지, 어떤 정부와 가까운 인간관계를 갖고 있는지 등 서구와 달리 이념적 스펙트럼이 좁게만 허용되는 조건에서, 그 내용 또한 정확히 규정되지 않은 상태에서 무엇을 기준 삼아 보수와 진보를 구분할 수 있을까? 또는 정당의 정책이 누구를 대표하고, 어떤 정책을 추구하는지, 구체적이고 실체적인 기준에 의한 정당 간 구분도 명확하지 않은 상태에서 무엇이 진보이고, 보수인가? 이런 구분이 사회적 실체와 만났을 때 도대체 그 구분은 어떻게 가능한가? 이렇듯 한국의 보수와 진보를 둘러싼 많은 문제들이 제기될 수 있다. 이 질문들은 앞으로 우리가 더 많이 논의해야 할 과제로 남아 있다.

보수의 새로운 길에 대해 말하면서 염두에 두었던 것은, 보수가 민주주의를 발전시키고 강화하는 데 어떤 조건들이 바람직한 지였다. 민주주의가 그 자체로 인간적 삶의 사회경제적 조건을 발전시키는 것은 아니다. 다만 민주주의는 그것을 가능하게 하는 여러 제도적 장치들, 특히 정당과 이익 결사체처럼, 사회적 요구의 대표 또는 매개 기능을 강화할 수 있는 조건들과 기제들을 발전시킬 수 있는 능력을 시민들에게 부여한다. 그렇다면 어떻게 그런 조건들과 제도들을 만들어 낼 수 있는지가 중요하다. 그 조건들을 생각하면서 보수의 긍정적 역할이 무엇인지를 깊이 숙고할 필요가 있다.

보수의 안에서든 밖에서든 보수 혁신을 말할 때, 그 의미는 지금까지 보수가 행위해 왔고, 그 행위를 지배했던 이념이나 가치 또는 지향의 기준점들을 바꾸고 새로운 것들을 만들어 내는 일이다. 그렇다면 어떤 기준과 준거를 가지고 새로운 길을 모색할 것인가? 나는 무엇보다 먼저 한국의 사회적 현실에서 가장 먼저 해결되거나 개선돼야 할 것들이 무엇인지를 말하려 했다. 우리보다 먼저 민주화와 산업화를 이룬, 유럽의 독일·프랑스, 또는 아시아의 일본과 같은 나라들의 민주주의, 정당정치와 정당 체계, 이들 사이에서 경쟁하는 이념의 내용을 준거 삼아 보수 개혁을 주문하려 했다.

민주주의와 정당 이론의 대가 조반니 사르토리는 "이탈리아 정치만 아는 사람은 이탈리아조차 설명할 수 없다."라고 말한 적이 있다. 마찬가지로 한국 정치만 알아서는 한국 정치조차 설명할 수 없을 것이다. 이 글을 통해 구체적으로 명시하지는 않았지만 한국 보수의 개혁 방향은, 독일의 전후 기민당을 비롯한 유럽의 여러 중도 우파 정당들과 일본 자민당의 경험을 염두에 둘 수 있다고 생각한다. 즉 한국의 보수는 중도 우파의 일반적 기준으로 제시될 수 있는 선진 민주주의 국가 사례들을 비교의 준거로 삼을 수 있을 것이다.

앞에서도 언급한 바 있지만, 한국의 보수가 일반적 기준에서 훨씬 오른쪽에 있다는 점은 이론의 여지가 없다. 상대의 잘못에 따른 반사이익만을 바라보고, 성장 만능주의와 냉전 반공주의를 고집하고, 관료-재벌-영남으로 연결된 구체제 복원을 꾀한다면 정치적 소멸을 피하기 어려울 것이다. 그동안 보수는 이런 사고의 틀에 너무나 익숙하고, 그것에 안주해 온 결과 그 어떤 대안적 이념이나 이론에 대한 요구를 느낄 필요조차 없었다. 그러나 그동안 보수를 보호해 왔던 울타리는 벗겨졌고, 지금 보수는 세계와 한국 사회의 변화를 모처럼 직접적으로 대면하게 되었다. 현재 바른정당의 실험은 보수 개혁의 많은 내용을 함축하는 중요한 표현이다.

요컨대 보수 혁신의 길은 시대 및 세계와 조응하는 세력으로 거듭나는 것이다. 보수가 변할 때 진보를 비롯한 한국 사회 전체가 변하고, 민주주의는 한국 사회에 강하게 뿌리내릴 수 있다.

|대담| 노동문제와 코포라티즘, 그리고 민주주의

대담자 | 박상훈

"노동문제가 달라지지 않으면 근본적으로 달라질 것은 없다. 박정희 경제 발전 모델은, 국가－재벌 동맹이 성장을 주도하고 노동을 배제하는 것, 그것을 핵심으로 하기 때문이다. …… 따라서 경제개혁은, 그동안 경제체제에서 참여가 배제돼 왔고, 평등한 노사 관계를 구성할 수 없었으며, 성장과 발전의 성과를 공정하게 배분받지 못했던 노동을 포함하는 것이 핵심이라고 생각한다."

최장집 교수는 미국 시카고 대학에서 노동문제로 정치학 박사 학위를 받았다. 그 내용은 1988년 열음사에서 『한국의 노동운동과 국가』라는 제목으로 출간되었고, 영문으로는 1989년 고려대학교출판부에서 *Labor and the Authoritarian State : Labor Unions in South Korean Manufacturing Industries, 1961~ 1980*라는 제목으로 출간되었다. 이를 통해 코포라티즘 이론을 국내에 처음 소개했으며, 이 이론을 한국의 노동문제 연구에 적용한 것으로 잘 알려져 있다. 이번 대담은 크게 세 부분으로 이루어졌다. 첫 번째 부분에서는 1960년대 학생운동에 참여한 사람으로서는 드물게 왜 노동문제를 전공하는 정치학자가 되었는지, 그리고 왜 산업화를 주도했던 권위주의 국가의 역할을 중심으로 한국의 제1세대 노동자가 형성되는 과정을 연구하게 되었는지에 대해 이야기를 나눈다. 두 번째 부분에서는 흔히 '노사정 3자주의'로 일컬어지는 코포라티즘(corporatism) 이론을 다룬다. 그 이론의 특징은 무엇인지, 마르크스주의적 관점의 노동계급론이나 다원주의적 이익집단론과는 어떻게 다른지, 그것의 하위 유형으로서 네오 코포라티즘과 국가 코포라티즘의 차이는 무엇인지를 확인하고, 이를 독일과 한국 등 현실에 적용하는 문제를 살펴본다. 세 번째 부분에서는 노동문제와 민주주의의 상관성에 대해 이야기한다. 특히 코포라티즘 이론을 원용해 과거 국가 코포라티즘적 유형의 노사 관계를 서유럽의 네오 코포라티즘적 유형으로 전환하고자 할 때 고려해야 할 점을 살펴본다. 덧붙여 코포라티즘이, 민주주의와 친화성을 갖기 어려운 유기체주의적 사회 이론에 그 연원을 두고 있음에도 불구하고 현대 복지국가나 사회민주주의의 발전에 기여하게 된 패러독스에 대해 이야기한다.

1. 두 인연

우선 정치학자로서는 드물게 노동문제를 전공했다. 왜 노동문제에 관심을 갖는가?

인간의 사회생활에서 노동문제는 그 중심에 있다. 그렇기 때문에 인간의 정치·경제·사회 모든 영역에서 노동문제를 빼고 말할 수 있는 것은 별로 없다.

그런데 정치학자들은 왜 노동문제에 큰 관심을 갖지 않는지 궁금하다.

우리 사회가 전반적으로 노동문제에 부정적인 편견을 갖고 있기 때문일 것이다. 그것은 수십 년 전 내가 대학을 다닐 때나 지금이나 별반 다르지 않다. 뭔가 특별한 계기가 없다면 한국에서 보통 사람들은 노동문제에 관심을 갖기 어려울 것이다. 그래서 왜 노동문제에 관심을 갖게 됐느냐는 질문은 너무나 평범한 동시에 평범하지 않은 질문이기도 하다. 어쨌든 이 질문 앞에서 노동문제와 나의 인연이랄까 하는 것을 새삼 되돌아보게 된다.

처음 노동문제에 관심을 갖게 된 계기는 무엇인가?

먼저 대학 시절 두 인연에 대해 말해야 할 것 같다. 하나는 대학 시절 선배의 영향이다. 나는 고 3 때인 1960년에 4·19 학생 혁명을 겪었다. 이런 분위기의 영향을 받아 다음 해 고려대학교 정치외교학과에 들어갔다. 4·19 학생 혁명은 분단국가가 건설되고 한국전쟁을 거친 이후, 즉 한국 사회가 엄청난 혼란을 거친 뒤 막 안정되기 시작하는 시기에 일어났다. 새로운 교육을 받은 세대가 나타났고, 이들이 정치 문제에 대한 의사를 표명하고 민주주의를 요구했다. 한국 현대사에서 최초의 민주화 운동이라 할 수 있겠다. 그러다 보니 입학 때부터 졸업할 때까지 학생운동의 열기 속에서 대학 생활을 보냈다. 이런 환경에서 선배들의 영향은 결정적이었는데, 4·19세대인 법과대학 윤성천 선배의 영향이 특히 컸다.

윤성천? 어떤 분인가?

그는 뒷날 대학교수로서만이 아니라 중앙노동위원회 위원을 지내면서 현실의 노동문제를 개선하는 데 진력했다. 졸업 후 노동법 교수가 됐고, 뒤에는 광운대 총장을 역임했다. 그는 노동법을 전공하면서 영국 노동운동이 어떻게 노동당으로 전환될 수 있었는가를 주제로 석사 학위논문을 썼는데, 이때 지적 호기심과 감수성이 강했던 내게 노동운동, 특히 영국 노동운동에 대해 많은 이야기를 들려주었다. 후배인 내게 마치 그가 아는 모든 것을 털어놓는 것 같았다. 그의 논문 주제였던 20세기 초 '태프 베일 판결'●은 노동운동을 배경으로 영국 노동당이 출현하는 계기가 된 중요한 법원 판결이다. 나중에 내가 미국에서 공부할 때 영국 노동운동을 공부하는 친구에게 태프 베일 사건에 대해 말했더니, 어떻게 그 사건을 아느냐며 놀라워했다. 나의 의식화랄까, 노동문제에 대한 관심은 그렇게 시작되었다. 그러나 노동문제에 대해 내가 접한 최초의 지식은 노동문제 그 자체라기보다 노동운동을 기반으로 한 정당의 문제였다.

대학 시절 노동문제를 접하게 된 또 다른 인연은 무엇인가?

또 한 사람은 친구로, 서울대 법대생이었던 이영희였다. 이영희는 서울 법대를 졸업하고 노동법으로 석사 학위를 마친 뒤, 학계에 머물지 않고 노동 현장으로 뛰어들었는데, 한국노총을 거쳐 자동차 노조로 옮겨 갔다. 그는 서울 법대에서 학생운동을 시작

● 태프 베일 판결'(Taff Vale judgement, 1902) : 1900년 영국 웨일스 남부의 태프 베일 철도 회사 노동자들이 파업을 했고, 이에 회사 측이 노조의 파업으로 피해를 입었다며 거액의 손해 배상을 청구하는 소송을 했는데, 법원이 회사 측의 손을 들어 준 판결을 말한다. 결과적으로 재판에 진 노조는 사실상 파업권이 부정된 셈이다. 이후 노동조합은 사법 영역을 넘어 정치 영역에서 영향력 확대를 위해 정당 건설을 모색하게 되었고 1906년 노동쟁의법을 제정하는 데 성공했다. 이로써 노조의 파업에 대해 회사가 손해배상을 청구하지 못하도록 해 노동자의 파업권(단체행동권)을 보장받았다.

한 최초의 인물 중 한 사람이었으며, 전태일 사건이 터지기 전에 이미 노동운동에 관심을 가지고 투신했던 최초의 학생운동 출신이었다.

이영희 교수는 고려대 학생이 아니었는데 어떻게 인연을 맺게 되었나?
대학은 비록 달랐지만, 어머니들끼리 부산 동래여고 선후배 사이었고, 그 인연으로 친구가 되었다. 이 시기 서울 법대는 학생운동을 노동운동과 접맥시켰던 여러 유명한 학생운동 활동가들을 배출한 산실이기도 했다. 이런 시점에 발생한 전태일 사건은 학생운동 활동가들로 하여금 노동운동에 뛰어들게 한 전환점이었다. 이영희의 후배들 중에는 훗날 노동운동은 물론이고 정치권, 시민운동, 인권 변호 법조계, 학계에서 성장해 한국 사회를 이끌어 갈 지도적 인물들이 여럿 배출되었다.

이영희 교수는 나중에 보수정당에 참여한 것으로 알고 있다.
맞다. 그는 노동운동의 활동가로서 인하대학교 교수를 거쳐 한나라당 멤버로 정치권에도 참여했고, 이명박 정부의 초대 노동부장관을 지내기도 했지만, 안타깝게도 얼마 전 작고했다. 하지만 젊은 시절 내가 그의 영향을 받은 것은, 노동 현장에 직접 뛰어들어 노동자들을 위해 헌신하고 봉사하려 했던 실천적 의지이고 정신이었다. 그 당시 노동문제의 중요성에 대해 생각도 못 하고 있던 나로서는 그런 그의 자세를 보면서 깨달은 바 컸고, 큰 자극이 되었다.

선배와 친구의 영향에도 불구하고 노동운동에 뛰어들지는 않았다.
당시 나는 군 입대를 기점으로 운동을 통한 현실 참여 방식을 마감하면서 학문의 길로 나아갈 기회를 모색하고 있었다. 그러다 보니 노동문제에 대한 관심은 학문적 열정으로 용해되었다. 그러나 내가 노동문제에 관심을 갖게 된 것은 학문적 주제를 택하는 데 있어, 그리고 정치적·사회적 문제를 보는 데 있어 커다란 전환점이었다. 한국에서든 어떤 나라에서든 그 사회에서 가장 약하고 소외돼 있는 한 사회집단에 대해 관심을 갖게 되고, 정치를 아래로부터 관찰하고 이해하는 것의 중요성을 깨닫게 되었으니 말이다. 어쨌든 우리 시대 정치와 사회에 대한 청년들의 관심과 현실 참여는, 정치권으로 들어가 정당 활동을 하거나, 실제로 현장에 들어가 노동자·노동운동가가 되기보다 학생운동을 통해 만들어졌다는 점이 한국적 특성인 듯하다.

한국에서 학생운동이, 노동운동을 포함해 거의 모든 사회운동의 수원지 역할을 했던 것은 비교 민주주의 분야에서도 주목할 만한 일이다. 한국의 경우 정치는 물론, 사회 전반의 엘리트 충원 채널에서도 학생운동의 경력과 인맥은 중요하다.

물론이다. 어쨌든 내가 다녔던 고려대학교 안에도 노동운동과 관련된 학생운동 그룹이 있었다. 천영세, 이원보 같은 후배들은 학교 안에서 진보적인 학생운동 단체인 '한맥'이라는 서클을 만들었으며, 고려대 노동문제연구소 연구원으로 활동했고, 직접 자동차 노조와 화학 노조에 들어가 노동운동을 시작했다. 천영세는 나중에 민주노동당의 국회의원을 지냈고, 이원보는 중앙노동위원회 위원장을 지냈으며, 대표적인 노동문제 연구 기관의 하나인 한국노동사회연구소를 운영했다. 후배이자 친구들인 그들이 노동운동에 커다란 족적을 남겼다는 것이 자랑스럽다.

그분들과도 노동문제를 매개로 인연이 있었는가?

그렇지는 않다. 등잔 밑이 어둡다고 대학 시절에는 만날 기회가 없었다. 그들이 나와 나이는 비슷했지만, 대학을 늦게 입학하는 바람에 후배가 됐다. 그러다 보니 사이클이 달랐다. 내가 6·3세대에 속한다면, 그들은 3선 개헌 반대 운동과 전태일 사건을 전후로 하여 노동문제가 중요한 정치적·사회적 이슈로 등장한 이후 세대였기 때문이다. 그들을 알게 된 것은 1980년대 초에 이르러서였다.

2. 정치학적 관심으로의 전환

선배와 친구를 통해 노동문제의 중요성을 접했지만 학문적 열정을 실현한 것은 한국에서가 아니라 미국 유학 시절이었던 것 같다.

나의 학문적 계기와 궤적을 되돌아볼 때, 넓게는 나의 삶 전체에서, 좁게는 학문적 계기에서, 외국에서 공부했다는 사실은 내게 혁명적 변화였다. 유학 시절인 1970년대 초반부터 1980년대 초까지만 하더라도 미국·유럽과 한국의 상황은 실로 커다란 격차가 있었다. 1960~70년대의 빠른 산업화로 한국 사회는 경제적으로는 혁명적으로 달라졌지만, 박정희 유신 체제에서 모든 학문적·사상적·이데올로기적 상황은 극도로 억압되어 있었다. 사실 억압적인 분위기와 후진적인 상황이 뒤엉켜 있었다고 보는 것이 정확할 듯하다. 그때까지만 하더라도 산업화가 본격화되기 시작했고, 지적·학문적 수준은 이제 겨우 전쟁의 후유증에서 벗어나 대학 교육이 정착되기 시작하는 시기에 불과했기 때문이다. 어쨌든 문화적으로도, 자유주의는 그만두더라도 개개인의 지적·이념적·사상적 자유는 경제 발전에 비해 크게 제약된 상태였으므로, 미국의 지적·학문적 수준과 자유로운 분위기는 내게 충격적이었다.

시카고 대학에서 공부했는데, 그때 어떤 공부를 했는가?

대학원 과정에서, 철학과 정치사상, 그리고 군부 권위주의 정치 체제와 제3세계 정치경제 문제, 미국 정치를 포함하는 광범한 주제를 다루는 수업을 듣고 공부했다. 그런 기초 위에서 한국 사회에서 가장 중요하다고 생각했던 두 가지 문제와 씨름했다. 하나는 앞서 이야기한 노동문제였고, 다른 하나는 한국전쟁을 만들어 낸 민족문제였다. 처음부터 내가 확실히 깨달았던 것은 아니지만, 그 두 문제는 한국 사회에서 평화와 가장 밀접하게 연관된 주제였다.

노동문제와 민족문제가 평화라는 주제와 연결되어 있다고 보았는가?

민족문제가 한반도에서 다시 전쟁이 일어나지 않아야 한다는 것이었다면, 노동문제와 관련해서는 대표적인 사회적 약자로서 노동자들이 사회경제적 차별로 말미암아 개인적이고 집단적인 수준 모두에서 언제나 안전과 평화라는 삶의 조건을 위협받는다는 것이 당시 나의 문제의식이었다. 어쨌든 나는 노동문제를 먼저 선택해서 석사 학위논문의 주제로 삼았다. 그것은 일본의 전후 노동운동에 관한 것이었는데, 한국 노동운동으로 들어가는 예비작업의 성격을 갖는 것이기도 했다.

민족문제에 대해서는 어떤 공부를 했는가?

국제정치에서 체제 이론으로 유명한 모턴 캐플란(Morton Kaplan)의 강의를 따라가며 제2차 세계대전과 한국전쟁을 포함하는 냉전사를 공부했다. 그러나 분단과 전쟁의 문제를 밀쳐 두는 것이 아쉬웠지만 우선 노동문제에 집중하기로 했다. 그 당시 나는 한국전쟁에 대한 공부는 아직 시기상조라고 생각했다. 어쨌든 캐플란의 강의는 명강의 중의 명강의로, 유학 시절 내게 가장 큰 지적 충격을 준 강의 가운데 하나였다. 미국 외교정책, 국제정치, 그리고 한국전쟁에 관한 기본적인 문헌들을 읽었고, 국제정치를 이해할 수 있는 지적 자원을 얻었다. 그래서 나중에 한국으로 돌아와서는 한국전쟁에 관한 논문을 여러 편 썼고, 이 분야에서 제자들의 좋은 연구가 나왔다.

노동문제도 어떻게 접근하느냐에 따라 내용은 다를 수밖에 없을 것이다. 권위주의나 민주주의와 같은 정치학적 주제일 수도 있고, 경제학적이고 사회학적인 주제일 수도 있다. 어떻게 노동문제를 다루고 연구했는가?

노동문제는 '노동'에만 한정되는 것이 아니라, 국가 중심의, 위로부터의 권위주의적 산업화와 유신 체제를 설명하고 분석할 수 있는 핵심이라고 생각했다. 내게 노사 관계는 전체 한국 정치체제를 축약한 소우주였다. 프린스턴 대학의 정치학 교수 아툴 콜리(Atul Kohli)의 『국가 주도적 발전』•은 브라질·인도·나이지리아와 더불어 한국을 첫 부분에서 다루고 있다. 여기에서 그는 산업화에 기여한 중심 요소로서 국가의 역할, 자본, 중소기업, 교육에 의한 기술자 집단 등과 아울러 노동문제를 제시하면서 나의 박사 학위논문을 비중 있게 참조하고 있다. 그의 연구는 노동문제가 한국의 산업화와 권위주의 체제의 핵심 가운데 하나라는 사실을 다시 한 번 확인시켜 준다.

한국 권위주의 체제의 구조와 특징을 이해하는 문제로서 노동문제를 다뤘다면, 주로 참조했던 이론이나 분석 틀은 어떤 것이었는가?
박사 논문에서 나는 지도 교수였던 필립 슈미터(Philippe C. Sch-mitter)의 '노사정 협력 체제'(corporatism) 이론을 분석 틀로 삼았다. 한국의 산업화와 그로 인한 노동문제의 출현은 여러 측면을 갖는다. 노동문제를 공부할 때 코포라티즘은 말할 것도 없고, 하나의 생산자 집단으로서 노동자 또는 계급이 생겨나는 과정들과 그것을 설명하는 이론들 모두가 내게는 새로웠다.

노동문제로 논문을 쓰면서 참고했던 이론이나 개념 한두 개를 소개한다면?
대표적으로 일본 노동운동을 주제로 석사 학위논문을 썼을 때

- Atul Kohli, *State-Directed Development : Political Power and Industrialization in the Global Periphery* (Cambridge University Press, 2004).

참조했던 '출가형(出稼型) 노동자' 개념을 들 수 있겠다. 그 개념은 일본 노동운동사의 개척자 가운데 한 사람이고, 1960년대 말 유명한 도쿄 대학 분쟁 때 총장이기도 했던 오코치 가즈오(大河內一男)가 만들었다. 내게 그 개념은 초기 한국 산업화에서 노동자 집단의 형성을 설명하는 데 결정적으로 중요했다. 이 개념을 통해, 도시의 공장으로 취업하기 위해 농촌의 집을 떠난 젊은이들이 어떻게 노동자가 되는지, 그리고 그렇게 형성된 노동자 집단의 성격은 어떤 것인지 이해할 수 있었다. 뒷날 박사 학위논문을 쓸 때 논문 심사 위원 가운데 한 교수가, 역사상 최초로 산업화를 이룬 영국 노동자 집단의 형성을 다룬 영국 역사학자 폴 망투(Paul Mantoux)의 고전 『18세기 영국 산업혁명』●을 읽어 보라고 일러주었다. 나는 이 책을 통해 1세대, 2세대 노동자 개념을 알게 됐다. 덕분에 이 개념을 확실히 이해하고 '1세대 한국 노동자 집단'의 형성과 그들의 특성을 박사 학위논문으로 다룰 수 있었다. 현지 조사를 위해 전태일 분신 사건으로 유명한 청계피복노조를 1980년 초에 방문했는데, 2008년 무렵 서울 장위동의 봉제 공장을 다시 방문할 기회가 있었다. 그곳에서 그때의 그들을 볼

● Paul Mantoux, *The Industrial Revolution in the Eighteenth Century : An Outline of the Beginnings of the Modern Factory System in England* (London: Jonathan Cape, 1928).

수 있었다. 1970년대부터 등장했던 이 1세대 노동자들이 30~40년이 지나 나이만 들었을 뿐 다시 같은 직종의 노동자로 복귀해 장위동 봉제 공장에서 일하는 모습을 보고 있으려니, 그동안 한국 사회가 얼마나 많이 변했는지를 실감할 수 있어 깊은 감회를 느꼈다.

학위를 마치고 한국에 돌아왔을 무렵, 국내 정치학계에서 노동문제에 대한 지적 관심은 어느 정도였는가?

당시에, 이 분야에서 정치학 이론을 통해 노동을 접근한 사람이 별로 없었던 것 같다. 나의 박사 학위논문은, 그 질적 수준이 어떤가를 논외로 하고라도 아툴 콜리의 말대로 노동문제에 초점을 두고 한국의 산업화를 살펴본 '희귀한 연구'였던 것만큼은 분명하다. 내가 공부할 때 미국의 정치학 연구 환경은 이와는 무척 대조적이었다. 나는 인도·타이완·타이·인도네시아 등 아시아 지역 및 브라질·멕시코 같은 라틴아메리카에서 온 여러 유학생들과 공부했다. 그들의 다수는 노동문제를 주제로 공부하고 논문을 썼다. 제3세계 또는 개발도상국에서 온 유학생들에게는 노동문제야말로 정치학·사회학의 가장 중요한 중심 주제 가운데 하나였다.

1980년대 초 당시 사회학 분야에서는 어느 정도 노동문제에 대한 논의가 이루어지지 않았는가?

그랬다. 그래서 귀국 후 '산업사회연구회'와 같은, 주로 사회학자들이 회원인 학회에서 활동했다. 그럴 수밖에 없었던 것이, 당시 우리 사회의 노동문제는 주로 젊은 세대 사회학자들의 연구 주제였으니 말이다. 그러다 보니 자연스럽게 나보다 젊은 세대의 임영일·조희연·조형제 같은 사회학자들과 친해졌다.

미국 유학 시절 동남아나 남미 출신 유학생들이 노동문제를 많이 연구했다고 했는데, 한국 유학생들은 왜 노동문제를 공부하지 않았을까?

당시, 우리 세대는 말할 것도 없고 젊은 세대 학자들에게도, 그리고 사회 현실 속에서든 대학이라는 지적·학문적 환경 속에서든 노동문제가 중요하다는 인식 자체가 존재하지 않았기 때문일 것이다. 노동을 생산요소로 접근하는 노동 경제학적 관점이 아니라, 노동이 정치학이나 사회학의 중심 주제이자 중요한 이슈라는 인식은 더더욱 존재하지 않았다. 그것이 중요한 문제라는 인식, 유학을 가면 이 문제를 연구해야겠다는 문제의식을 갖기 어려웠던 당시 한국의 정신적 상황 때문이었을 것이다. 노동문제를 정치학이나 사회학의 연구 대상으로 삼는다는 것 자체가 심리적으로는 민주화 투쟁을 하는 것과 비슷한 각오를 해야 했을 때니까.

3. 한국 사회의 이념적 단면들

노동문제를 이야기할 때 지금도 이념 문제와 같은 심리적 제약을 느끼게
되는가?

물론 느끼게 된다. 그러나 과거에 비해서는 이념 문제의 영향력
이 점점 작아지고 있다고 말할 수 있다. 물론 그렇다고 문제가 사
라진 것은 아니다. 노동문제가 왜 한국 사회에서 민족문제와 더
불어 반체제적 사상이나 되는 것처럼 이데올로기적 제약을 받게
되는가에 대해 여기서 장황하게 이야기할 필요는 없을 것 같다.
어쨌든 우리 사회에서 좌와 우를 구분할 때, 서구의 보편적 기준
으로 이해되는 구분과는 상당히 다른, 분단이라는 조건이 만들
어 내는 한국적 정서랄까, 이데올로기적 뉘앙스가 개입되는 것
이 사실이다. 그래서 좌우라는 말보다 진보·보수라는 말로 의미
를 다소 엷게 만들어 구분하는 것이 부담이 더 적다. 국가기구에
의해서, 또는 법적·제도적 차원에서 이데올로기적 억압은 민주
화와 더불어 뚜렷이 약화되었지만 이런 외적 변화가 사회적·문
화적, 또는 사회 심리적 수준에서 뚜렷한 변화를 가져왔다고 말
하기는 어렵다.

이데올로기적 상황이 어떻게 변하든, 한국 사회에서 지적·이념적 환경이 전체적으로 보수적이며, 한국 사회의 주류가 보수적이라는 사실만큼은 분명해 보인다.

물론이다. 그리고 노동운동의 연구자들 사이에서는 진보파들이 많다는 점 또한 분명하다. 한국에서 좌파는 분명히 소수파이다. 소수파는 언제나 기득 이익들이 주도하는 사회에서 어떤 형태로든 소외 의식을 느낄 수 있다. 한국 사회에서 좌파로 분류된다는 사실 자체가 문제될 것은 없다. 공격받거나 소외된다고 느낄 필요도 없을 것 같다. 그러나 좌파로 분류되는 사람이 정부나 대학 또는 사회 기관에서 어떤 직책·공직·보직을 맡으려 할 때, 사회적 역할을 하고자 할 때, 불이익을 받는 경우가 그렇지 않을 때보다 훨씬 많을 것이다. 그런 데 관심이 없는 사람이라면, 자신의 소신대로 말하고 글 쓰고 행동하는 데 크게 제약을 느끼지는 않겠지만, 대학이나 연구소 같은 곳에 취업해야 한다면, 여러 형태의 장애에 부딪힐지 모른다. 어쨌든 한국의 지적 환경은, 수적인 면에서도 진보파 교수들이 보수파들을 훨씬 능가하는 미국 대학 사회와는 뚜렷이 다르다. 유럽의 대학 사회에도 진보파가 훨씬 많은 것 같다. 예컨대 독일의 위르겐 하버마스(Jürgen Habermas)나 볼프강 슈트리크 같은 좌파 학자 및 지식인은 독일은 물론 유럽의 공론장에서 압도적인 영향력과 권위를 행사하고 있다. 슈트리크는 독일의 대표적인 사회과학 연구소인 쾰른 막스프랑크

연구소 소장을 역임했지만, 한국에서라면 그런 일은 어려울 것이다. 그들은 학문의 세계에서뿐만 아니라 사회의 공론장에서, 현실에 중요한 이슈가 등장할 때마다 정부 정책에 대한 비판은 말할 것도 없고 자신의 생각을 서슴지 않고 토로한다. 한국 사회에도 그런 변화가 오길 기대한다.

이념 문제가 나왔으니 하는 말인데, 스스로를 이념적 좌표에 놓는다면 어디쯤이라 할 수 있을까?

분단이 만들어 낸 특수한 정치사와 이념적 지형은 한국 사회를 서구 사회 또는 선진 자본주의사회의 기준에서 볼 때 전체적으로 보수적이고, 보수적 헤게모니가 압도하는 환경을 만들어 냈다. 이런 환경에서 나 자신이 진보나 좌파로 분류되는 것은 하나도 이상할 것이 없다. 그러나 미국이나 유럽의 이념적 지형에 나를 갖다 놓으면 어떨까 생각해 볼 때가 있다. 나의 이념적 위치가 분명 '우'라기보다는 '좌' 쪽이라는 것은 분명하다. 그러나 아마 진보적 자유주의자 정도일 것이다.

나는 나의 이념적 위상을 진보적 자유주의에 놓았지만, 또한 스스로 현실주의적 진보가 되는 것이 바람직하다고 생각해 왔다. 정의·자유·평등과 같은 이상을 추구하는 것 자체가 중요하다기보다, 그런 이상과 가치가 현실에서 실현되는 것이 더 중요하다고 본다. 그 때문에 나의 이상은 현실과 끊임없이 탄력적이고 유연하게 상호 관계하면서 조절되는 어떤 것이라고 생각한다. 그런 의미에서 평소 나는 "정치 생활에서 문제를 일으키는 것은, (이상·이념·가치 등에) 너무 빠져들거나 현실에 너무 길들여지는 것"이라고 했던, 20세기 대경제학자이자 정치경제 이론가 앨버트 허시먼의 말을 좋아한다.

지금까지는 노동문제를 전공하는 '정치학자 최장집'에 대해 이야기를 나눴다. 그 과정에서 우리 사회 진보파의 전형적 노동운동관으로 동일시될 수 없는 생각을 듣게 되었다. 아무래도 이는 '코포라티즘 이론가 최장집'에 대한 주제에서 더 깊이 살펴볼 수 있지 않을까 한다. 잠시 쉬었다가 이 주제를 이야기해 보기로 하자.

4. 이념의 관점에서 이익의 관점으로

이제 본격적으로 노동문제를 다루는 정치학 이론으로 들어가 보자. 우선 노동문제를 이해하는 데 있어 왜 학문적 논의가 필요한가?

우리는 일상에서 일을 하고 노동하고 그 대가로 임금을 받아 먹고산다. 단순히 이 차원의 문제라면 이론이나 개념 따위는 필요하지 않을 것이다. 그러나 개인이 경험하는 생활 세계를 넘어 노동문제는 가장 중요한 사회적 갈등 사안이다. 이를 더 넓고 깊게 말하려면 어느 정도는 이론적으로 볼 필요가 있다. 사람들의 이익 추구로부터 발생하는 갈등, 이 갈등을 통제하거나 해결하기 위해서는 여러 형태의 개인이나 사회집단들 사이에서 갈등 해결을 위한 틀이나 제도적 장치들이 필요하다. 노동문제를 포함해 정치학·사회학 같은 사회과학은 이런 문제를 다루고 해결하기 위해 씨름한다. 정치학은 특히 그렇다. 기업이나 국가의 역할도 이런 관점에서 이해되고 분석될 수 있다. 다시 말하면 정치학은 인간의 이익 추구 행위를 둘러싼 사회과학의 한 영역인 것이다.

그렇기 때문에 정치학은 '이익에 기초한'(interest based) 인간 행위를 분석하고 설명하는 것이고, 그것이 곧 현대 정치학의 본질이기도 하다.

노동문제 역시 이익집단 혹은 이익 정치의 측면에서 이해할 수 있다는 말인가?

당연하다. 같은 기능적 범주에서 일하는 사람들이 서로 이익을 공유하기 때문에 이익집단 또는 이익 결사체를 형성하고 집단적으로 행위한다. 그렇기 때문에 이익집단이야말로 정치학의 중심에 위치하는 것이며, 그 중심에 '이익 정치'(interest politics)가 자리 잡게 된다. 나는 이런 이론적 관점을 통해 노동문제를 봤다. 국가 주도 산업화 과정에서 제조업 부문 노동운동을 주제로 했던 나의 박사 학위논문 제목은 "이익 갈등과 정치적 통제"였다.

노동조합/노동운동을 변혁 운동 조직 내지 진보적 사회운동 세력을 대표하는 것으로 보는 관점과 다른 것 같다.

노동문제를 보는 이런 나의 관점이랄까 정향은 노동운동을 주도하거나 그들과 뜻을 같이했던 지식인들의 관점과 잘 어울리는 것은 분명 아니었다. 내가 귀국했던 1980년 초 노동운동은 권위주의 체제하에서 정치권력과 대기업이라는 이중의 노동 적대 세력에 맞서 가장 앞장서서 투쟁하고 있었다. 따라서 노동운동 스스로 민주화 투쟁의 선봉이라고 생각했던 관점과, 이익을 둘러싼 갈등을 중심으로 보았던 나의 관점은 잘 어울리지 않았다. 민주화 이후 여러 차례 정권이 교체된 이후 현재에 이르기까지도 마찬가지다. 한국 노동운동에서나 민주화 운동권 내에서는 이익 추구 자체를 악으로 이해하는 경향이 강하다. 문제를 그렇게 보면 이익 정치를 중심으로 분석하고 설명하는 정치학 자체도 서구식이라는 비판의 대상이 되기 쉽다. 노동운동 활동가들은 노동조합을 이익집단이나 이익 결사체로 호명하는 것을 모욕으로 여기거나, 노동운동에 적대적이라고 생각할지도 모른다.

노동문제를 이념적으로 보는 것은 보수파들과 우리 사회의 주류적 시각도 마찬가지인 것 같다.

산업화 이후 노동자라는 사회적 집단이 출현한 뒤로 민주화 시대인 현재까지, 노동자들에 대한 사회적 인식은 한결같이 부정적이다. 아니 늘 적대적인, 너무나 적대적인 것이었다. 한국 사회에 존재하는 모든 사회집단 가운데, '친북 용공주의자'로 지칭되는 사람들을 빼고는 노동자들만큼 편견과 배제의 대상인 경우는 없을 것이다. 그러다 보니 한국 사회에서 '노동자'라는 말 자체는 물론, '일하다'라는 것을 추상화하는 의미인 '노동'이라는 말 자체가 인정되지 않는 것이 현실이다. 1987년 개정된 이른바 '민주 헌법' 가운데 국민의 권리와 의무를 규정한 2장, 노동의 권리와 노동자의 고용조건에 관한 규정을 담은 32조, 33조는 모두 노동이라는 말 대신 '근로'라는 말을 사용한다. 이 말은 노동이라는 말의 역사성과 보편성을 인정하지 않는, 관료적이고 노동 정책적인 의미가 물씬 풍기는 관제 언어라 할 수 있다. 2017년 대통령 선거 과정에서 정의당 심상정 후보는 자신이 대통령이 되면 이런 말들을 '노동'으로 바꾸겠다고 공약까지 하고 나섰다. 언젠가 개헌이 될 때 당연히 그래야 할 것이다.

아무튼 노동운동은, 그동안 모든 정치적·사회적 투쟁의 최전선에서 인권, 시민권, 노동자 권익을 위해, 즉 소외된 사람, 사회적 약자는 물론, 한국 사회 전체의 일반의지와 민주적·시민적 가치를 실현하기 위해 자신을 희생해 가면서 투쟁해야 하는 역할을 부여받은 것으로 인식되었다. 당시 표현대로 하면 '구국 투쟁의 선봉' 역할을 부여받은 것이다. 그렇다 보니 노동운동은 정의를 구현하는 운동 집단으로 자임하게 되고, 또 그렇게 행위했던 측면도 많다. 이런 상황에서 누군가 그들을 이익집단이라고 부른다면 무슨 말이냐고 항변할 것이다.

한국의 노동운동이 사회운동 전체의 관점에서 행위해야 했던 당시의 조건 때문이 아니었을까?

물론 그렇다. 그러나 스스로 어떤 규범적 명령을 수행하는 역할을 하는 집단적 행위자라고 믿는다면, 그것은 현실이 아닌 허구가 되기 쉽다. 한국 사회에서는 (헌법 조문에서도 볼 수 있듯이) 민주주의하에서도 노동이라는 말 자체가 아직 시민권을 획득하지 못하고 있으며, 그런 상황이 노동자들로 하여금, '인정 투쟁'에 몰두하도록 만든 것도 이해할 만하다. 그러나 내가 생각하는 정치학은, 이런 환경에도 불구하고 노동조합은 노동자 자신들의 이익을 실현하기 위해 조직된 이익 결사체이고, 그 이익이 통제되든 실현되든, 그들의 이익 추구 행위를 따라 분석하는 학문이다. 인간의 자기 이익 추구는 인간성과 인간 행위의 가장 보편적 동인이다. 공론장과 정치 언어는 사회적 현실에 가까운 것이 되지 않으면 안 된다고 본다.

그런 관점을 가진 노동문제 이론을 들라면, 대표적으로 슈미터 교수가 발전시킨 바 있는 코포라티즘을 들 수 있을 것 같다. 이 이론을 간단히 소개해 달라.

이익집단 이론의 중심을 이루고 있던 다원주의(pluralism)와는 뚜렷이 다른 방식으로 이익집단을 설명하는 이론이자 유형이다. 다원주의가 미국 사회를 잘 설명할 수 있는 이론이라면, 코포라티즘은 제2차 세계대전 이후 본격적인 복지국가가 발전했던 유럽 사회에 잘 적용될 수 있다.

1980년대 초 공부를 마치고 귀국한 뒤 코포라티즘이라는 말을 소개하고 사용하기 시작했다. 그때부터 이 개념을 우리말로 표현하려고 했지만, 별로 성공하지 못해서 그냥 코포라티즘이라고 쓸 때가 많았는데, 그러다 보니 지금도 그렇게 일반화되는 것 같다. 우리말로 표현하자면 '노사정 조합주의', '노사정 합의 체제'로 옮길 수 있겠지만, 원래 뜻을 그대로 담기는 어렵다.

'노-사'라는 두 사적 생산자 집단과 정부라는 공적 집단 사이에서 이익이 표출·조정·매개되는 양식에 주목하는 이론의 하나라고 보면 될까?

맞다. 다만 코포라티즘에는 두 종류가 있다는 것이 중요하다. 하나는 '국가 코포라티즘'이고 다른 하나는 '네오(신) 코포라티즘'(이를 자유주의적·민주적·사회적 등 여러 접두사를 붙여 부른다)이다. 코포라티즘은 국가와 노동조합, 그리고 사기업 내지 자본의 이익을 대표하는 사용자단체로 구성된 3자 구조를 갖는데, 여기에서 국가의 역할이 중심적일 때 '국가 코포라티즘'이라고 말한다. 주로 과거 파시즘 체제나 권위주의 시기에 국가가 앞장서 위로부터 산업화를 주도하고 경제를 운영할 때의 노사정 관계를 그렇게 부른다.

앞서 1세대 노동자의 형성은 과거 권위주의 산업화 시기 국가 코포라티즘의 시각에서 이해할 수 있을까?

우리가 권위주의 체제를 통해 산업화할 때, 국가는 조직노동자들을 엄격한 통제에 효과적으로 묶어 두었다. 그런데 여기에서 문제는 아무리 권위주의 체제이고, 유신 체제라 하더라도 노동자들을 마냥 억압할 수만은 없다는 점이다. 노동자들이 효과적으로 산업 성장에 기여하지 않는다면 경제성장이 불가능하기 때문이다. 그래서 권위주의 국가는 한편으로는 노동자들을 통제하고, 다른 한편으로는 산업 역군으로 동원해야만 했다. 이 과정에서 노동운동을 위한 하나의 공간이 발생한다. 1970년대 유신 체제하에서도 노동운동은 꾸준히 발전했고, 유신 말기에는 조직률이 18퍼센트에 이르렀으며, 급기야는 1980년대 민주화 운동의 주역 중 하나로 등장했다. 노동자들을 한편으로는 통제하고, 다른 한편으로는 동원하는 다이내믹스가 없었다면, 가장 정치적으로 억압적이었던 유신 체제하에서 가장 높은 노조 조직률을 보였다는 사실을 설명하기 어렵다.

국가 코포라티즘 체제 위에서 민주화가 이루어졌다는 점, 그것이 민주화 이후 한국 노동운동의 여러 문제와 갈등을 설명하는 출발점이라 할 수 있을까?

역설적이게도 민주화 이후 조직률은 지속적으로 하락해 지금은 OECD 국가들 가운데서도 최하위에 속하는 10퍼센트 미만으로 떨어졌고, 민주노총의 역할과 영향력은 지속적으로 약화되어 오늘의 상황에 이르렀다는 점이야말로 국가 코포라티즘의 구조 위에서 민주화된 우리 현실을 잘 말해 준다. 지금은 민주화로 인해 정치체제로서의 권위주의는 끝났다고 할 수 있다. 그렇다면 노동 문제는 어떨까? 민주화와 더불어 이 차원에서도 권위주의는 끝났을까?

그럼 다른 종류의 코포라티즘으로 옮겨 갔다고 볼 수 있는가?

민주화 이후 1990년대 중후반 김영삼 정부 시기 신 노사 관계 구상을 위한 노사관계개혁위원회의 출범으로부터 시작해, 1990년대 말 국제 금융 위기로 국제통화기금(IMF)이 요구하는 개혁 패키지를 실현하게 되었을 때까지의 노사정 관계를 누군가는 유럽식의 네오 코포라티즘이라고 말할지 모른다. 또한 1998년 김대중 정부하에서 노사정위원회를 통한 2·8 사회 협약●은 서구의 코포라티즘적인 틀을 빌린 것으로, 노사정 합의 체제 형태를 갖는 제도가 만들어 낸 결과물이다. 그러나 형식이나 외양만 그럴 뿐, 내용면에서는 국가정책을 위로부터 권위주의적 방식으로 관철시키는 국가 코포라티즘 성격이 강했다. 박근혜 정부가 노사정위원회를 통해 노동시장 유연화를 핵심으로 하는 노동 개혁을 추

● 2·8 사회 협약 : 1997년 12월 3일 한국 경제가 IMF 관리 체제에 들어가자마자 당시 김대중 대통령 당선자는 구조 개혁의 일환으로 '노동 개혁'에 들어갔다. 핵심 내용은 노동시장 유연성 제고, 사회적 합의체 도출, 사회 안전망 구축 등 세 가지였다. 김대중 대통령 당선자는 1998년 1월 10일 '노사정위원회'를 발족시켰고, 이를 바탕으로 2월 6일 60개항의 사회적 합의 사항을 이끌어 냈으며, 2월 8일에는 정리 해고법과 파견법(파견 근로) 합의를 이끌어 냈다.

진했던 방식들도 모두 국가 코포라티즘적 내용을 갖는다. 이미 정해진 정부의 노동정책을 집행하기 위해 그 정책 수용자(policy taker)인 노조 대표를 참여시키는 형식을 띠었을 뿐이다. 서구의 코포라티즘에서처럼 경제정책 영역에서 노동자들의 이익과 관련해 노조 대표가 정책 결정자로서의 역할을 하는 것이 전혀 아니었다. 노사정위원회라는 이름에서 나타나듯이 노사정 3자 간 협의와 합의에 의한 결정이라는 형식적 구색은 갖췄지만, 방식과 내용은 어디까지나 권위주의적인 것이었다.

그렇다면 네오 코포라티즘이란 무엇인가?

'네오'라는 접두사가 가리키듯이, 그것은 전전 독일 나치즘, 이탈리아 파시즘 같은 전체주의적인 틀 속에서 노동문제를 체제 내로 통합하기 위해 제도화하고 발전시켰던 국가 코포라티즘이 아니다. 그에 연원을 두지만 네오 코포라티즘은 제2차 세계대전 이후 발전하기 시작한 새로운 자본주의적 경제 운영 체제를 뒷받침하고, 그와 병행하는 노사 합의적 이익집단 체제를 말한다는 것을 반드시 염두에 두어야 한다.

'노사 합의'라는 말은 한동안 노동운동 내에서 시민권을 가질 수 없는 말이었다. 누군가 그런 말을 쓴다면 반노동적이라고 비난받을 일이었다. 한국적 조건에서, 노동문제를 바라보는 나의 관점에 어떤 특별한 부분이 있다면, 노동자를 대표적인 생산자 집단으로 보되, 계급적 관점보다는 이익집단적 관점에서 봤다는 점일 것이다. 앞서도 이야기했지만, 이런 관점은 실제로 노동운동을 하는 사람들이 자신의 운동을 이해하는 방식과는 큰 차이가 있다. 한국의 노동운동은, 권위주의 시기와 민주화 초기 스스로의 운동을 혁명적 관점에서 보는 경향이 두드러졌다. 혹은 혁명적 담론·언어·레토릭을 통해 현실에 접근했다고 할 수도 있겠다. 그러나 노동운동은 구국 운동도 아니고 변혁 운동도 아닌, 노조의 구성원인 노동자들의 이익을 실현하는 이익집단의 행위이고, 또 노조 간부라고 해서 특별히 도덕적이거나 사회 전체의 공익에 봉사하는 사람도 아니다. 이익집단이지만 노조가 중요한 것은 그들이 경제에서 가장 중요한 생산자 집단의 결사체이기 때문이다. 민주화된 이후에도 노조가 여전히 정부들에 의해 예외 없이 차별과 배제의 대상이 된 것은 사실이다. 그렇지만 민주주의 체제하에서 노동운동이 과거 권위주의 체제하에서의 노동운동과 동일한 것은 아니다. 민주화 이후 법적·정치적 공간이 확대되었고, 노동자들의 생활 조건이 좋아질 여지가 경제적으로나 정치적으로 확대된 것도 사실이다. 이런 정치적 공간의 개방에 힘입어 2004년 17대 총선에서 민주노동당은 정당 득표율 13퍼센트, 의석수 10석을 얻어 원내 제3당으로 부상하기도 했다. 그러나 그 뒤 노동운동은 정치 영역과 산업 현장에서 빠른 속도로 분열되면서 어느 때보다 영향력이 약화되고 말았다. 노동운동이 쇠락하는 과정에서 통합진보당 사태는 재난이라 불러도 이상할 것이 없다. 민주주의하에서 노동운동의 약화는 신자유주의적 정책이 몰고 온 억압의 산물이기도 하지만, 노동운동이 무엇인가에 대한 스스로의 인식과 운동에 대한 책임의 부재가 가져온 결과물이 아닌가 생각한다.

5. 네오 코포라티즘

: 마르크스주의와 미국식 다원주의에 대한 대안적 접근

아무래도 조금 이론적이 될 수도 있겠지만 본격적으로 코포라티즘 이론을 따져 봐야 할 것 같다. 일단 코포라티즘은 기존 이론과 달리 어떤 문제의식에서 출발했는가?

코포라티즘은 1970년대 현대 사회과학 이론에서 가장 영향력 있는 두 흐름에 대응하면서 자본주의 생산 체제의 작동을 설명하는 아주 새로운 이론으로 등장했다. 자본주의를 움직이는 세 중심축이라 할 국가, 자본/기업, 노동 간의 역할과 기능을 다른 측면에서 본 것이다. 기존의 두 흐름 가운데 하나는 마르크스주의이고 다른 하나는 미국의 사회와 정치를 경험적인 바탕으로 삼는 다원주의적 이익집단 정치 이론이다.

마르크스주의와는 어떻게 대비되는가?

우선 코포라티즘은 마르크스주의와 정반대 방식으로 노사 간 갈등에 접근하고 해결하는 이론 틀이자, 노사정 관계를 규정하는 제도이기도 해서 큰 흥미를 끌었다. 마르크스주의처럼 자본-노동 관계, 노사 관계를 화해할 수 없는 계급투쟁으로 본다면, 궁극적으로 양자가 공존하기란 불가능하고 자본주의 체제는 순기능적으로 발전하기 어렵다. 이 관점에서는 노동자와 노동운동이 기존의 생산 체제에 긍정적으로 기여할 여지가 없다. 반면 코포라티즘은 기본적으로 노사의 기능적 공존과 통합을 전제로 한다. 사회를 기능적 통합의 관점에서 이해하는 에밀 뒤르켐(Emile Durkheim)의 이론은 바로 이 코포라티즘을 떠받치는 이론이다. 물론 기능주의 이론만이 이론적 기초는 아니다. 계급, 정당, 이익집단들 간의 상호 관계를 통해 민주주의를 이해했던 막스 베버(Max Weber)나, 노조를 경제적인 조직으로서만이 아니라 국가 건설과 국민 형성 과정에서 사회 통합 기능을 수행하는 정치적 행위자라는 관점에서 접근한 라인하르 벤딕스(Reinhard Bendix)나 시모어 마틴 립셋(Seymour Martin Lipset) 같은 정치 사회학자들의 이론도 중요하다. 이런 이론들이 모두 코포라티즘 이론의 발전을 뒷받침했다.

미국식 다원주의 이론과는 어떻게 다른가?

코포라티즘은 넓은 의미에서 다원주의적 이익집단 이론에 속하고, 또 그것을 기초로 삼지만, 그것과는 행동 양식과 구조가 완전히 다른 새로운 형태의 이익집단 이론을 발전시켰다. 무엇보다 그것은 전후 유럽의 사회 복지국가를 발전시키는 데 긍정적인 역할을 했다. 미국 사회를 경험적 기초로 해서 발전한 다원주의적 이익집단 이론은 정부의 정책 결정에 대응해, 집단 이익을 관철시키고자 정책 결정자들에게 영향력을 행사하거나 압력의 방식으로 투입하는 압력 집단과 로비 모델로 요약할 수 있다. 그러나 유럽처럼, 사회적·정치적 환경이 미국과는 뚜렷이 다른 사회경제 체제와 그 정치적 운영 방식을 다원주의로 설명하는 데는 큰 한계가 있었다. 코포라티즘은 자본주의 생산 체제, 시장경제, 정부의 형태와 운영 방식이 뚜렷이 다른 전후 유럽 사회를 경험적 기초로 해서, 그것을 효과적으로 설명할 수 있는 이론이라 할 수 있다.

그렇다면 마르크스주의와 다원주의적 접근에 비해 코포라티즘은 어떤 기여를 했는가?

독일의 대표적인 비판적 지식인이자 정치경제학자인 볼프강 슈트리크는 왜 슈미터의 이론이 유럽에서 중요한가에 대해 이렇게 말한다. 기존에 노동은 계급으로 접근되었고, 유럽의 이론 가운데 노동문제를 경험적으로 다룰 수 있는 틀은 마르크스주의밖에 없었다. 따라서 노동이 자본주의를 받아들이고, 이익집단적 역할을 하고, 체제 내에 포함되었을 때 유럽의 좌파들은 이론적으로 갈피를 잡지 못하고 막다른 골목으로 몰리게 됐다. 그리고 전후 1970년대에 이르기까지 복지국가가 발전하면서 새로운 사회적·정치적 문제가 나타나기 시작했는데 이를 설명할 틀이 존재하지 않았다. 그러는 동안 노동운동은 크게 팽창했으며 동시에 자본주의 체제와 기업에 협조적인 태도를 취했다. 당시 유럽 국가들은 제2차 세계대전 말 정치 공약이기도 했던 완전고용이라는 약속을 지키기 위해 안간힘을 썼다. 안정된 경제 운영을 위해 복지국가와 노사협조, 완전고용 등의 요구에 조화하려고 노력하기도 했다. 동시에 케인스주의적 수요 운영의 틀에서 과도한 단체교섭권을 행사하지 않는 노조의 절제력이 요구되는 상황이기도 했다. 이런 상황에서 슈미터의 코포라티즘 이론이 나왔는데, 그는 이런 서유럽을 네오 코포라티즘으로 설명했다. 그의 이론은 현실과 너무나 잘 맞아서 폭발적으로 수용되었다. 다원주의로도, 마르크스주의로도 현실을 설명하기 어려웠던 상황에서, 그의 이론은 주목받았으며, 유럽 좌파들에게 이론적으로 중요한 역할을 했다. 넓게 보면 코포라티즘은 미완의 주제, 미래의 주제가 아닐까?

6. 코포라티즘의 변화와 위기 : 독일의 사례

이론으로서뿐만 아니라 실제로도 코포라티즘이 미친 영향은 무엇인가?
1970년대 중반 이래 유럽 복지국가에서 복지 비용이 증가하고
재정 압박이 거세지기 시작했을 때 거대 노동조합은 자발적으로
임금 인상을 억제했다. 이 과정에서 코포라티즘적 결정 기구의
대표적 사례라 할 '합의적 결정 기구'(Konzertierte Aktion, Con-
certed Action)가 제도화됐다. 역시 독일 출신 정치학자 페터 카
첸슈타인(Peter Katzenstein)도 말하고 있지만, '능력 있는 국가'
의 후원 아래 자본과 노동 사이에 안정적인 사회적 파트너십이
구축된 것도 코포라티즘으로 설명될 수 있다. 1970년대 후반 독
일 총선 때 헬무트 슈미트가 내걸었던 슬로건인 '독일 모델'(Mo-
dell Deutschland, German Model)이 크게 주목을 받아 사민당 정
부가 수립될 수 있었는데, 사실 그 내용은 코포라티즘이었다.

코포라티즘의 관점에서 사민당 헬무트 콜 정부의 노동정책을 설명한다면?
슈미트 사민당 정부하에서 코포라티즘의 내용은, 수요 측면에서
공급 측면으로 전환되었다. 케인스주의적 복지 체제의 수요 측
면이 아니라, 공급 측면에 초점을 두는 신자유주의의 영향에 대
응하는 것이었다. 같은 시기 영국의 대처주의가 과격하고 급진

적인 신자유주의적 공격이었다면, 슈미트 정부의 독일 모델은 노사정 협력이라는 코포라티즘의 핵심 내용을 그대로 유지하는 데 정책 목표가 있었다. 나아가 3자 간 합의의 중심 내용은 신자유주의에 온건하고도 완만하게 적응하는 것이었다. 전체적으로 1970년대 중반 슈미트 사민당 정부로부터, 1980년대 초를 거쳐 1990년대를 통틀어 장기 집권에 성공했던 헬무트 콜의 기민당 정부, 1990년대 말부터 2005년 슈뢰더 사민당 정부에 이르기까지 신자유주의 독트린이 세계경제를 지배하는 시기, 그에 대응하는 독일의 방식은 대체로 그런 식이었다. 학자들은 1990년대 콜 정부 시기에 이르러 코포라티즘의 내용과 성격이 변한 것을 일컬어 '네오-네오 코포라티즘', '경쟁적 코포라티즘', '공급 측면 코포라티즘' 등으로 부르기도 한다.

신자유주의에 대한 대응이라는 맥락에서 한국 사례와 비교한다면?
1990년대 말 국제 금융 위기 이래 한국에서는 신자유주의를 통한 경제 운영과 성장 정책을 급진적으로 추진했다. 이 과정에서 정부는 기업의 대변 기구나 다름없이 노동의 요구를 억제하고 배제하는, 일방적인 친기업 정책을 폈다. 국가가 중간적 입장에서 기업과 노동 양측의 상호 이익의 합치점을 발견하도록 매개하는 것이 아니라, 노동의 강력한 반발에도 불구하고 기업 이익을 관철하도록 강제했다. 형식은 (공급 측면) 코포라티즘이지만,

유럽에서 실천되고 있었던, 노사 간 자율적 합의의 내용을 갖는 코포라티즘과는 거리가 멀었다. 내용적으로 한국식 국가 코포라티즘이라고 말할 수 있을 것이다. 당시 정부는 자유로운 해고가 가능하고, 노조의 기능을 축소하는 방향으로 노동시장 유연화 정책을 과격하게 밀어붙였다. 그 결과 정부가 IMF 개혁 패키지를 이행하는 과정에서 노동자들은 최대의 희생양이 되었다. 독일과 비교할 때, 코포라티즘을 통해 신자유주의의 도전에 대응했던 것과는 분명한 차이가 있다.

한국의 정책 결정자들과 기업은 신자유주의적 노동시장 유연화를 뒷받침하는 대표적 사례로 독일의 하르츠법을 들어 왔다. 이 문제를 어떻게 볼 수 있을까?

2017년 대선에서 자유한국당의 후보는, 한국 경제의 성장 둔화와 실업 증가가 노조 때문이라면서, 자신의 주장을 정당화하는 사례로 독일의 하르츠법을 들었다. 신자유주의의 핵심 요소 가운데 하나인 노동시장 유연화를 뒷받침하는 논거로 제시한 것이다. 그럴 만도 한 것이, 독일은 세계에서 대표적인 사회 복지국가의 하나인데, 독일까지 하르츠법을 통해 기존의 노동시장 규제를 풀고 자율화의 방향으로 내딛는 획기적인 전기를 만들었으니 말이다.

하르츠법을 보수적으로 소개하는 게 한동안 유행이었다.

사실 대선 경쟁에서 극보수의 의사를 대변한다고 자임했던 자유한국당 후보의 말은 특별한 것도 아니다. 그는 단지 선거 캠페인을 위해 강조했을 뿐, 그를 반노동운동의 주창자라고 말하는 것은 공정하지 않다. 왜냐하면 이런 주장은 우리 사회에서 이미 수없이 되풀이된 것으로, 지배적인 관점을 말했을 뿐이기 때문이다. 박근혜 대통령은 2015년 10월 비정규직과 파견 근로의 확대, 쉬운 해고, 성과주의 등 '노동 개혁'의 핵심 쟁점을 포함하는 자신의 개혁 법안을 국회에서 통과시키기 위해 몸소 거리에서 서명운동까지 벌이는 등, 유례없이 공격적으로 노동 개혁을 밀어붙였다. 그와 발맞추어 각 분야의 지도층 인사들 1천 명이 노동시장 자율화의 극대화를 위해 서명했다. 또한 여러 주류 언론들이 그에 동조하고 나섰다. 이런 광범한 캠페인 과정에서 노동시장 개혁 법안을 설득할 수 있는 중요 사례로 하르츠법은 빠지지 않고 등장했다. 어디 그뿐인가. 대선 과정에서 촛불 시위의 진보적 의견을 대표하려고 나선, 고위 경제 관료 출신인 민주당의 한 공동선대위원장은, 민간 부문에서 고용 창출이 잘 안 되는 것은 노조 때문이라며 공공연하게 비판하기도 했다. 한국에서, 신자유주의적인 노동정책에 관한 한 노동시장 유연화의 확대는 지배적 관점이자 헤게모니라고 할 수 있다.

하지만 하르츠법을 잘 이해하기란 참 어려운 일 같다.

한국에서 하르츠법이 중요하게 인용되는 만큼 먼저 그 내용을 살펴보자. 우선 이 개혁 법안은 폭스바겐 감독이사회의 노동자 대표 가운데 한 사람이었던 페터 하르츠(Peter Hartz)가, 개혁 법안을 만드는 위원회의 수장이어서 그의 이름을 붙인 것이다. 네 개 법으로 구성된 하르츠법은 2003~05년 사이에 의회에서 채택됐다. 그러나 노동법과 관련된 마지막 법이 가장 중요하므로 보통 하르츠법이라고 하면 '하르츠 IV법'으로 대표된다. 그 법의 기원은 게르하르트 슈뢰더 사민당 후보가 1998년 총선에서 승리함으로써 헬무트 콜 기민당 정부의 장기 집권이 끝난 시점으로부터 시작한다. 슈뢰더가 집권했을 때 독일은 저성장, 고실업, 재정 적자로 말미암아 커다란 경제문제를 안고 있었다. 통일 이전 서독은 유럽에서 가장 강력한 경제를 자랑했으나, 통일된 독일의 경제지표는 통일 비용의 부담을 이기지 못하고 악화일로를 거듭했으며, 위기가 증폭되고 있었다. 당시 『이코노미스트』는 독일을 일컬어 '유럽의 병자'라고 부르기까지 했다. 이런 환경에서 만들어진 것이 하르츠법이다. 이 법의 채택으로, 신자유주의적 노동시장 유연화의 원리를 반영해 기존의 노사 관계 변화를 포함하는 복지국가의 축소 등 일대 개혁이 단행되었다. 아마 서독에서 독일 연방 국가가 건설된 초기 1960~70년대 이후로 이렇게 큰 개혁은 없었을 것이다. 즉 전후 독일에서 건설된 복지국가를 축소 개혁하는 최대의 변화였으며, '혁명적'이라고 표현해도 과언이 아니다. 이 개혁법은 세금 인하, 연금 개혁, 실업보험 감축, 복지비 감축 등 공공 지출 감축을 포함한다. 이 같은 복지국가의 구조 개혁은 독일 정당들 가운데 가장 유서 깊은 정당인 사민당의 분당을 초래했으며, 그 결과 사민당 정통파의 수장 오스카 라퐁텐(Oskar Lafontaine)이 이끄는 좌파당(Die Linke)이 출현했다. 덕분에 슈뢰더는 사민당 전임자들 가운데 이데올로기적으로 가장 보수적인 총리라는 평가를 받게 됐다. 그도 그럴 것이 슈뢰더는 전후 사회민주주의하에서 복지국가의 구성 요소 가운데 많은 부분을 뚜렷이 약화시키는 개혁을 단행했으니 말이다.

그렇다면 하르츠법은 독일 민주주의에 어떤 영향을 미쳤는가?
그동안 서독을 세계의 경제 대국으로 올려놓은 독일식 자본주의 운영 체제를 사람들은, 앵글로색슨 모델에 대응하는 '라인란트 모델' 또는 '독일 모델'이라고 불러 왔다. 자유주의적 시장경제에 반대되는 의미로 학자들은 '연계된', 또는 '조율된' 시장경제(co-ordinated market economy)라고 부르기도 한다. 이 독일식 모델은, 노동 수준 및 시장가격과는 무관하게 개인과 가족의 생계를 위한 최소 소득 보장, 사회적 위험(질병·노년·실업)에 대응할 수 있는 불안정의 최소화, 계급·신분의 구분에 관계없이 최고 수준의 사회적 서비스 제공을 포함한다. 이 모델의 기치 아래 노동의 평화, 산업에서의 공동 결정제(Mitbestimmung, co-determination), '사회적 시장경제'(Sozialmarktwirtschaft), 산업부문 내에서 단체 교섭을 통한 임금 교섭, 직업교육, 그리고 1970~80년대를 통해 전성기를 이루었던 코포라티즘의 노사 관계 제도 등이 중심적인 구성 요소들이다. 하르츠법은 이런 제도에 근본적인 수정을 가했다는 점에서 주목을 받았으며, 이는 실제로 독일뿐만 아니라 전 유럽 복지 체제에서 의미하는 바가 크다. 이 개혁은 유럽연합의 창설, 유로 공동 통화의 도입과 더불어 신자유주의적 규범에 부응할 수 있는 새로운 제도 개혁으로 이해되기에 이르렀다. 하르츠법을 통해 연방고용청(Bundesagentur für Arbeit, BA)이 신설되었고, 실업보험 체제 자체가 전면적으로 개혁돼 장기 실업자에 대한 혜택이 근본적으로 삭감됐다. 실업수당 지급 기한도 줄었으며, 장기 실업자들은 사회부조 대상으로 돌려졌고, 그들을 위한 기술 보호 조치•도 삭제됐다. 저임금 파트 타임 노동자들에게는 사회 혜택 수준으로 봉급이 지원되었으며 워킹 푸어의 비율이 급증했다. 그 결과 독일은 유럽에서 저임 노동자의 비율이 가장 높은 나라 가운데 하나가 되었다. '하르츠 개혁'으로 노

• 특정 노동자가 취업해 있던 제조업 분야에서 일자리를 잃었을 때, 취업을 위해 다른 분야로 이직하면 기존 기술이 무용지물이 되므로, 그 기술을 보호하기 위해 일정 기간 실업수당을 지불하는 것을 말한다.

동시장은 뚜렷이 이원화되었다.

독일 사회는 나빠진 것 아닌가?

그러나 우리가 알아야 할 것은 산업 핵심부는 제도 개혁의 영향을 받지 않았고, 따라서 크게 변하지 않았다는 사실이다. 2008년 세계 금융 위기가 몰아닥쳤을 때, 독일은 유럽에서 어느 나라보다 성장, 고용 기회, 낮은 실업률이라는 주요 경제지표에서 뛰어난 성과를 만들어 냈다. 한때 '유럽의 병자'라는 불명예를 안았던 독일은 그로부터 10년도 지나지 않아 세계적 경제 발전의 모델 사례로 부각된 것이다.

그렇다면 독일이 특별한 결과를 만들어 낼 수 있었던 요인은 무엇인가? 하르츠법 덕분이었나?

독일식 모델은 지속 가능한가, 독일 모델은 세계화의 사나운 폭풍이 몰아치기 전에 마지막 남은 모래성인가, '독일식 자본주의'라는 것이 존재하는가, 신자유주의적 폭풍에도 불구하고 미래에도 살아남을 수 있는가 등의 문제들을 가지고, 여러 나라의 학자들이 2014년 독일 뒤셀도르프에 모여 국제 학회를 열었다. 그리고 그 논의의 결과, 독일 모델과 하르츠 개혁의 영향을 여러 측면에서 평가하는 책이 출간되었다.* 이 책에서 학자들의 평가는 크게 두 그룹으로 나뉜다. 첫째 그룹의 설명에 따르면, 하르츠 개혁은 2008~14년 세계화와 자유 시장경제, 탈규제의 압력하에서 독일 경제가 성장할 수 있게 한 제도 개혁으로 평가받을 만하다. 하지만 그 대가로 전후 복지 체제, 독일 모델을 크게 변화시켜야 했다는 것이다. 둘째 그룹은, 하르츠 개혁과는 무관한 다른 요인들이 독일 경제성장에 기여했다고 봤다. 유럽연합과 공동 통화의 설립, 독일 재정 정책과 그로 인한 금융 효과도 중요했다. 그 밖에도 중국·인도 등 브릭 국가(BRIC, 브라질·러시아·인도·중국)의 등장으로 예상치 않게 자동차와 같은 제조업 수출 상품에서 독일 브랜드가 엄청난 수요를 불러왔다.

우리의 관점에서 이 논쟁을 어떻게 봐야 할까?

이 학회의 참여자들은 모두 유럽과 미국의 학자들로, 신자유주의라는 맥락에서 독일 모델을 논했다. 그들이 주고받은 질문과 대답은 그 맥락에서 모두 나름의 설명력을 갖는다. 그러나 하르츠 개혁을 한국에서 평가할 때는 또 다른 관점이 필요하다. 아시아의 후발 자본주의 산업화 국가 가운데 하나였던 한국은, 권위주의적 산업화를 통해 그 경제 발전 수준이 서구 선진 자본주의 국가들의 대열에 서기에 이르렀다는 사실이다. 이런 점에서, 한

● Brigitte Unger ed., *The German Model : Seen by Its Neighbours* (SE Publishing, 2015).

국은 두 가지 선택이 가능할 것이다. 지난 선거 때 구보수파의 대변자인 자유한국당 후보가 말한 것처럼, 권위주의적 산업화 시기에서와 마찬가지로 노동을 소외시키고, 복지 후진국으로서 사회적 양극화를 확대하면서 오로지 성장을 향해 내닫는 선택이 있다. 다른 한편 서구 선진 자본주의 국가들이 전후 복지국가를 발전시켰던 방식을 상당 정도 받아들여, 코포라티즘적 노사 관계에 기초한 복지 체제와, 신자유주의를 일정하게 제어하는 시장경제를 결합하는 자본주의적 발전 경로를 선택할 수도 있다. 어느 것이 더 지속 가능할까? 어느 것이 사회의 공동체적 성격을 분쇄하는 것이 아니라 그것을 유지하고 강화하는 방향으로 경제를 발전시킬 수 있을까? 이는 기로에 선 한국 경제의 선택이 아닐 수 없다.

결국 후자의 관점, 즉 코포라티즘적 접근을 통해 신자유주의 환경에서도 복지국가와 공동체적 성격의 사회가 지속될 수 있다는 것인가? 그리고 하르츠법이 한국에도 적용될 수 있을까?

강한 노동 보호 내지 노사 협력 체제가 작동하는 조건에서 신자유주의의 도전에 대응하는 문제와, 우리처럼 노동이 배제되어 있는 조건에서의 접근은 다를 수밖에 없다는 점을 이해해야 한다.

지금의 노동 상황은 대등하지 못한 노사 관계의 결과인 것 같다.

가장 간단한 지표로 1인당 국내총생산(GDP)을 보자. 한국의 국내총생산은 유럽에서도 스페인을 넘어, 이탈리아와 비슷한 2만9천 달러 수준에 도달했다. 영국·프랑스 수준에 이르는 것은 시간 문제인지도 모른다. 그러나 복지와 노사 관계 수준에 관한 한 한국은 여전히 1960~70년대보다 크게 나아진 것 없는 정체 상태가 지속되고 있다. 노조 조직률은 OECD 국가 가운데 최저 수준인 10퍼센트대를 오르내리고 있으며, 우리의 현행 헌법이 사업장 수준에서 노조 결성을 포함하는 자율적 결사체의 조직을 허용하고 있음에도 불구하고, 정부와 기업의 반노동 정책들로 말미암아 조직 자체가 제한되는 실정이다. 이런 상황이 만들어 내는 당연한 결과로, 일부 재벌 대기업 사업장을 제외하고는 대부분의 기업 사업장에서 노동과 경영 사이에 정상적이고 대등한 노사 관계가 성립하기 어렵다. 그러다 보니 노동자 대표들이 자신들의 의사를 기업·경영 측에 대변하거나, 기업과 노동자/피용자들이 상호 교섭하고, 상호 합의를 따르는 어떤 형태의 결정이라는 것 자체가 존재할 여지가 없다.

복지국가의 기반도 매우 취약하다.

공공 사회복지 지출은 한 사회가 공동체로서 유지될 수 있도록 하는 데 필수적인 비용이다. 전후 유럽에서처럼 사회민주주의적 또는 사회적으로 조절된 시장경제를 통한 복지국가에서는 특히 그렇다. 자본주의적 시장 경쟁의 열패자들과 노령층을 비롯해 노동 능력을 갖지 못하는 사회적 약자들을 국가가 지원하고 보호하는 것은 정부 정책의 최우선 순위에 속한다. 이런 공동체의 환경에서 인간은 비로소 최소한의 자기 존중과 존엄성을 유지하면서 평등한 인간들 사이의 상호성을 유지할 수 있다. 사회정책을 통한 국가의 이런 복지 기능과 역할은, 현대 자본주의사회에 크든 작든 정당성을 부여하며, 국가가 수행해야 할 가장 중요한 공적 역할이자 의무이다. 그러나 불행하게도 한국에서 국가는 이런 역할을 다하지 못하고 있다. 한국은 세계적으로 경제성장에 성공한 나라로 평가돼 마땅하다. 그러나 사회경제적 권리의 실현과 더불어 사회복지의 기준에서 볼 때, 한국은 무척 낙후되고 후진적이며 비인간적인 사회의 모습을 보여 준다. 즉 한국은 경제적으로 놀라울 만큼 성장했지만, 인간적 삶의 조건이라는 기준에서는 한 사회로서의 공동체성이 크게 낮은 이중적 특성을 갖는다. 또한 한국은 신자유주의적 경제 독트린의 절대적 헤게모니하에 있으며, 자율적 시장경제와 노동시장 유연화의 모델 사례이며, 총량적 경제성장 지표와 빈부 격차의 뚜렷한 대비, 그리고 고기술·고학력 지식 집약적 산업의 발전 및 이 분야에 종사하는 취업자들과, 다른 한편 비정규직, 불안정적 하급 서비스업 부문의 노동 집약적 고용 인력 사이의 노동시장 구조의 이원화,

낮은 수준의 복지 체제와 사회정책 등으로 특징지을 수 있을 것이다. 과격한 신자유주의적 경제 운영 원리와, 그것이 만들어 내고 있는 사회경제적 조건은 넓은 범주에서 미국과 매우 유사하다. 그럼에도 불구하고 한국은 미국보다는 소득분배와 사회계층 구조에 있어 훨씬 덜 이중적인 사회이고, 미국의 중산층이 거의 완전히 해체된 것과 달리 한국의 중산층은 여전히 건재하다. 요컨대 미래 한국의 발전된 모습이 미국처럼 되어서는 안 될 것 같다.●

독일 하르츠법에 대한 이야기를 마무리해야 할 것 같다. 결론적으로 하르츠법은 독일을 라인 모델에서 영미식 신자유주의 국가로 바꿔 놓았는가? 하르츠 개혁에도 불구하고 독일의 노사 관계와 복지 체제는 강고하다. 독일의 노사 관계는, 전후 유럽의 복지 체제가 정점에 달하고 그 기초와 제도가 견고하게 자리 잡은 뒤에 하르츠 개혁을 통해 제도 개혁을 도모한 것이다. 따라서 기존의 노사 관계 제도가 해체된 것이 아니라 단지 느슨해진 것이다. 슈뢰더와 같은 시기에, 미국의 클린턴과 영국의 토니 블레어가 같은 방향으로 신

● 오늘의 미국 사회를 잘 드러내 보이는 책으로는 『파이낸셜 타임스』 워싱턴 지국장으로 미국 정치와 사회에 대해 보도해 왔고, 클린턴 정부 시기 재무부장관을 지낸 로렌스 서머스(Lawrence Summers)의 연설문 작성 비서였던 에드워드 루스의 다음 책을 참조할 수 있다. Edward Luce, *Time to Start Thinking : America in the Age of Descent* (Grove Press, 2012).

자유주의를 수용했다 하더라도 협력적 노사 관계의 제도를 갖추지 않은 그들과 독일은 그 내용과 결과에서 뚜렷이 다르다.

하르츠 개혁 이후 독일에 직접 가본 경험이 있는가?

2년 전 베를린 자유대학에 몇 개월간 체류하면서 독일 사회를 관찰할 기회를 가졌다. 하르츠법을 전환점으로 독일의 사회복지 체제가 많이 축소·약화되었다고 많은 사람들이 말한다. 내가 보기에도 그랬다. 오래전 대학에 있을 때 독일의 여러 도시를 비교적 자주 방문했는데, 주말이면 모든 상점과 식료품 가게들이 문을 닫는 것이 법으로 정해져 물건을 살 수 없었던 기억이 아직도 남아 있다. 그때에 비하면 최근 베를린은 크게 달라졌다. 토요일 오후에도 대부분의 대형 마트들은 문을 열었고, 일요일도 여는 곳이 많았다. 그러다 보니 시급, 임시직 고용 인력이 크게 증가했다. 그러나 하르츠법이 아니었다면, 동유럽·중동·아프리카 등지로부터의 인구 유입은 말할 것도 없고, 영국·이탈리아와 같은 인접 국가들로부터 독일로 취업 기회를 찾아오는 노동력이 지금처럼 많지는 않았을 것이다. 베를린은 다인종 도시로 완전히 변해가고 있었다. 독일의 경제력도 더욱 강해졌다. 하르츠법은 취업 기회를 확대하는 데 기여했고 실업률은 낮아졌다. 물론 그로 인해 노동시장은 유연화되었고 독일의 복지 지출을 감당할 재정 부담도 줄어들었음이 분명하다. 그럼에도 불구하고 독일의 노사 관계와 복지 제도의 기본이 허물어졌다고 볼 수는 없다.

무엇을 보고 그렇게 말할 수 있는가?

다시 베를린 이야기를 해보자. 베를린에는 학생이 각각 3만5천 명에 달하는, 독일에서 가장 큰 대학, 베를린 자유대학과 훔볼트 대학(동베를린 지역의 옛 베를린 대학)이 있다. 두 대학의 대학생 7만 여 명의 등록금은 모두 무료이다. 한국에서 대학 등록금이 무료 인 복지 체제가 과연 실현될 수 있을까. 지금과 같은 노사 관계가 지속되는 한 불가능할 것이다. 독일의 경우 협력적 노사 관계와 그것의 결과인 노동자들의 기술 축적과 노동 윤리가 아니었다면 가능하지 않았을 것이다. 자본주의적 경제성장과 사회의 공동체 성의 유지가 상호보완적으로 작용하면서 서로를 강화시킨 결과 라고 생각한다. 그 결과 독일식 수출 중심의 생산 체제를 발전시 킬 수 있었고, 사회복지 체제가 가능했다.

베를린의 그 많은 대학생들을 무료로 교육하는 것이 어떻게 가능할까?

연방주의가 강한 독일은 16개 주(Land)로 구성돼 있다. 어느 나 라든 전체를 구성하는 지방의 자치 정부들의 재정은 모두 다르 고 불균등한데, 독일도 예외가 아니다. 그런데 독일의 경우, 이런 지방정부들 간의 불균등은 1980년대 말 통일로 말미암아 크게 확대되었다. 동서독 간 경제 발전 수준의 차이가 컸기 때문이다.

독일 통일은 동독을 구성하는 여섯 개 주가 서독에 편입하는 방식으로 이루어졌다. 그러다 보니 동독 지역의 주들은 한결같이 경제적으로 가장 가난하며, 재정 자립도도 가장 취약하다[서독 지역에서 가난한 자를란트(Saarland)주는 예외]. 베를린도 동독 지역에 위치해 있었고 분단돼 있었기 때문에 주 경제력이 취약하다. 그렇다면 이 문제를 어떻게 해결했을까? 제도를 통해 부자 주들이 가난한 주에 재정 자립도가 99퍼센트에 이르도록 재정을 지원하는 것이다. 바이에른(Bayern), 헤센(Hessen), 바덴-뷔르템베르크(Baden-Württemberg), 함부르크(Hamburg)로 대표되는 부자 주들로부터 막대한 재정이 베를린을 포함한 가난한 주들로 이전된다(*Frankfurter Allgemeine Zeitung* 2015/06/18). 연방제가 이런 방식으로 작용하면 지역 간 경제적 격차는 크게 줄어들 것이다. 그렇지 않았다면 통일 이후 독일은 분명 지역 편중, 지역 불균형으로 더 많은 고통을 받았을 것이고, 전체 독일을 하나의 사회로 결합하는 통합은 어려웠을 것이다. 나아가 독일의 보편적 사회복지 체제도 크게 위협받았을 것이다. 주들 간의 재정 평준화 덕분에, 큰 대학들이 있는 베를린은 자체의 재정 능력보다 더 많은 수의 대학생들을 교육할 수 있었으며, 그 결과 산업이 없는 대도시임에도 독일 전체에서 교육·연구의 중심지로 특화될 수 있었다.

베를린 대학 학생들의 반응이 궁금하다.

베를린 자유대학 학생들에 따르면, 과거에는 등록금만 면제됐던 것이 아니라, 교과서 구입비, 복사비 등 학교 강의와 관련된 비용도 복지비로 지원되었다고 한다. 학생들은 그런 혜택들이 없어졌다고 불평하기도 하고, 도서관 입구에 있는 학내 커피숍의 커피 값이 점점 올라 곧 1유로를 넘어갈 것이라며 데모해야 한다고도 했다. 부러운 불평이었다. 그러나 그보다 더 부러웠던 것은, 고학년 학생들이 졸업 이후 취업을 걱정하지 않아도 된다는 이야기였다. 수년 전 통계를 보면 15~24세 독일 청년들의 실업률이 일본과 더불어 세계 최저인 5~6퍼센트였다. 그런데 최근 통계에 따르면 독일의 구조적 실업은 1.4퍼센트로 낮아졌다(*The Economist* 2017/05/27~06/02). 오늘의 한국 대학에서 졸업생들의 낮은 취업률을 생각하면 마음이 무겁고 부럽기만 하다. 물론 현재 독일의 복지 체제는 전성기인 통일 이전과 비교해 뚜렷하게 허약해졌다. 그렇지만 독일은 신자유주의의 엄청난 도전에도 불구하고 여전히 독일식 복지국가의 기본 틀을 유지하고 있는, 사회적 시장경제의 모델 국가라는 점에는 변함이 없다. 이런 독일 체제를 지속시키는 데 있어, 하르츠 개혁은 이 체제를 허무는 쪽으로 작용하기보다 좀 더 유연하게 하면서, 동시에 강화하는 기여를 했다고 생각한다.

7. **프랑스의 사례** : 마크롱 개혁을 어떻게 볼 것인가

튼튼한 사회적 시장경제에 기초한 독일의 복지 체제는 취약한 프랑스 경제와 자주 비교된다.

프랑스는 국가 중심적인 사회다. 노동은 강하지만 결코 협력적인 코포라티즘적 노사 관계를 갖지 않는다. 그런 취약한 기반 위에 있으면서도 강력한 사회복지 체제를 갖고 있다. 그런데 이 체제가 점점 문제에 직면하게 되었다. 2017년 프랑스의 대통령 선거는 이런 체제가 가져오는 경제 위기를 어떻게 해결할 것인가 하는 방법을 둘러싼 것이었다.

프랑스의 문제는 무엇인가?

프랑스는 독일을 뛰어넘는, 세계 최고의 복지국가를 자랑하는 동안, 지나친 재정지출로 재정이 취약해졌다. 성장 둔화, 실업 증가와 씨름하면서 복지국가를 어떻게 개혁할 것인가 하는 문제를 둘러싸고 경쟁했던 것이 2017년 대선이다. 물론 그에 못지않은 중대 이슈는 유럽연합에 잔류할 것이냐의 문제였다. 독일과 더불어 유럽연합을 개혁하는 개방이냐, 유럽연합을 탈퇴하고 난민 유입을 금지하는 민족주의적 폐쇄를 지지하느냐의 문제였다. 비록 사회당 프랑수아 올랑드(Francois Hollande) 정부의 경제·산업·디지털 장관을 역임했지만, 중도파를 대변하고 나선 에마뉘엘 마크롱의 개혁 의제는 유럽 최대의 복지국가로 비대해진 국가를 축소하는 것이었다. 10년 전만 해도 국내총생산의 51퍼센트였던 국가 재정지출은 57퍼센트를 넘어 팽창했다. 선진 자본주의국가들의 평균 국가 재정지출이 40퍼센트인 데 비하면 월등히 높은 것이다. 실업률은 현재 10.1퍼센트이고, 청년 실업률은 25퍼센트에 육박한다. 실업률과 재정 문제가 프랑스가 직면한 사회적 긴장의 원천이며, 프랑스 정치의 취약점으로 등장했다. 이런 상황에서 복지국가를 지속 가능하게 하기 위해 재정 적자, 공공 지출, 노동비용 축소를 내건 마크롱이 당선된 것이다.

마크롱은 다른 경쟁 후보와 어떻게 달랐는가?
공적 지출을 줄이기 위해 마크롱은 제2차 세계대전 이후 사용자단체와 노조가 공동으로 운영해 왔던 실업보험 혜택 기금을 국가가 환수해 운영하겠다고 선언했다. 프랑스 대선이 흥미 있는 것은, 결선투표에 진출할 수 있는 네 명의 주요 경쟁자들이 프랑스가 직면하고 있는 주요 문제에 대해 각자의 이념적 스펙트럼 상에서 스스로 보편적이고 중요하다고 생각하는 대안들을 제시했기 때문이다. 기존 복지국가의 현상 유지를 타파하겠다며 신자유주의적 대안을 분명히 제시한 보수파 대표 프랑수아 피용(Francois Fillon), 그와는 정반대 입장에서 고소득에 대한 1백 퍼센트 증세를 주장한 극좌파 장 뤽 멜랑숑(Jean Luc Mélenchon) 사이에서 마크롱은 정확히 그 중간에 있다. 이민자 유입 반대와 유럽연합 탈퇴를 주장하고 나선 전통적인 국가주의자 마린 르 펜(Marine Le Pen)과 유럽연합의 열렬한 지지자 마크롱은 서로 대척점에 섰다. 이들의 대선 경쟁은 한편으로는 갈등의 횡축인 전통적 좌우 스펙트럼상에서 전개된다. 다른 한 축은, 세계화로 말미암아 세계적 수준에서 국경과 종교, 문화를 가로질러 인구 이동과 무역자유화가 이루어지면서 만들어 낸 새로운 종축에서의 경쟁과 갈등이다. 이는 기존의 자유주의적 세계화 규범과 원리를 따르는 '개방'파와, 최근 트럼프 정부의 등장, 브렉시트 현상으로 나타나는 '국가주의적 폐쇄'파 사이의 갈등 축이다. 위 두 수준에서 특정 영역을 각각 대표하는 후보들이 경쟁자로 등장한 것이다. 멜랑숑과 르 펜은 전통적인 프랑스 정치의 스펙트럼에서 각각 급진 좌와 극우를 대표하지만, 유럽연합에 대해 부정적이고, 국가 중심적이라는 점에서 동일하다. 경제 운영의 원리에 관한 한 신자유주의의 신봉자인 프랑수아 피용은 가장 보수적이지만, 신자유주의 원리를 통해 복지국가를 지속 가능하게 만들고자 하는 마크롱과 일정하게 중첩된다. 지금 내가 독일의 하르츠법을 염두에 두고 프랑스 대선 상황을 말하는 것은, 2000년대 초 슈뢰더가 만들었던 하르츠법과 마크롱이 대선을 통해 내걸었던 프랑스 복지국가 개혁안이 매우 유사하기 때문이다. 다만 다른 것은 이미 멜랑숑으로 대표되는 급진 진보의 정당이 존재하기 때문에, 당시 독일에서처럼 사민당으로의 분당은 필요하지 않다는 정도일 것이다.

노동시장을 더 유연하고 개방적인 방향으로 개혁해야 하느냐의 문제가 아니라 정치와 경제, 사회 체제 사이의 관계를 늘 염두에 두고 문제를 보는 것 같다.

정치적인 민주주의와 경제적인 생산 체제로서의 자본주의가 결합한 민주적 자본주의(democratic capitalism)가 현실에서 할 수 있는 범위를 발견하는 것이 중요하기 때문이다. 그래야 우리가 개척할 수 있는 가능의 공간을 찾을 수 있다. 1979년 프랑스의 인구학자 장 푸라스티에(Jean Fourastié)는 제2차 세계대전 종전 시기부터 1차 석유파동 사이의 시기를 '영광의 30년'(Les Trentes Glorieuses)이라고 불렀다. 덕분에 이 표현은 세계적으로 널리 사용되었다. 경제적 번영, 삶의 수준 향상, 실질임금의 상승이 서유럽과 미국에서 실현된 것을 일컫는 용어로 말이다. 이 시기를 통해 민주주의와 자본주의 생산 체제의 장점이 잘 결합되어, 인간이 구현할 수 있는 인류 역사상 최고 수준의 삶의 조건이 실현된 바 있다. 노동과 자본이 균형을 이뤄 전후 가장 독특한 형태의 정치경제적 체제를 창출해 낸 것이다. 서유럽에서 사회복지 국가의 등장은 그 결과물이다. 그러나 이런 체제는 지난 1980년대 이래 현재에 이르기까지 세계적 차원에서 경제 운영의 새로운 독트린이라 할 신자유주의에 의해 대체되거나 도전받기에 이르렀다. 이 점에서 하르츠 개혁은 서구에서 복지국가가 지속하고 전개될 수 있는 한계선이라고 해석할 수 있다. 그것은 기존의 만개된 사민주의적 복지 체제가 세계경제 영역에서 경쟁력을 가질 수 있고 지속 가능할 수 있는 어떤 조건을 의미한다.

프랑스의 마크롱 정부도 같은 결과를 만들 수 있을까?

마크롱 정부의 과제는 독일이 하르츠법으로 대응했을 때보다 훨씬 더 복잡하다. 개혁의 효과가 과연 성공적일 수 있을지 현재로서는 예측하기 어렵다. 독일의 경우, 동유럽 사회주의가 붕괴되면서 동유럽 시장이 개방되었고, 저임금의 유능한 노동력이 대량 유입되는 유리한 조건이 있었고, 2000년대 초에는 경제 불황에도 불구하고 거대한 중국 시장이 개방되는 등의 조건도 향유할 수 있었다. 그러나 오늘의 프랑스는 세계경제 환경의 변화로 말미암아 이런 조건을 누릴 수 없다. 그러나 무엇보다 두 나라 사이의 가장 큰 차이는 노사 관계를 어떻게 풀어 나갈 것인가에 있는데, 프랑스 개혁의 성공 여부는 여기에서 판가름 날 가능성이 크다. 독일의 코포라티즘적 노사 관계는 하르츠 개혁을 풀어 나가는 데 있어 중요한 성공 요인이었지만, 프랑스의, 코포라티즘 없는 강력한 노조는 큰 변수로 작용할 수 있기 때문이다. 새 정부가 온건파인 최대 노조 프랑스 민주노동총연맹(CFDT) 및 강경파인 노동조합총연맹(CGT)과 어떻게 타협할 것인지가 관건일 것 같다. 요컨대, 복지국가의 위기를 풀어 나가는 데 있어 독일과 프랑스가 어떤 차이를 만들어 낼 것인지가 관심의 초점이며, 이는 코포라티즘을 갖는 국가와 그렇지 않은 국가 간의 차이라고도 할 수 있을 것이다.

복지국가의 위기를 풀어 갈 프랑스의 경험은 우리에게 어떤 함의가 있을까? 어떤 경우든 국가와 기업, 노조가 어떻게 타협을 해서 복지국가의 위기를 극복할 수 있는가가 문제의 핵심이다. 그동안 한국적 경제 운영 원리, 한국적 조건은 전일적으로 신자유주의적 원리를 통해 경제를 운영하고 성장 정책을 추구하는 것이었다. 프랑스의 경험은 '한국적 조건에서 어떻게 복지국가적 요소를 확대할 것인가'라는 과제를 해결하는 데도 도움이 될 것이다. 다만, 한국의 경우 프랑스와 달리 문제는 거꾸로 제기될 것이다. 한국처럼 거의 완벽하게 영미식 신자유주의를 추구하는 나라에서 '어떻게 복지국가를 확대할 수 있고, 그 범위는 어디까지인가'라는 질문이 우선적으로 제기되어야 한다는 뜻이다.

코포라티즘은 국가·기업·노조가 서로 배타적 힘을 확대하려는 길이 아닌, 상호 공존과 협력 관계를 발전시키는 길을 확고하게 지지하는 이론

같다. 그런 점에서 코포라티즘은 공정한 시장경제와 협력적 노사 관계는 물론 민주주의 발전이나 사회복지 확장과도 잘 양립할 수 있는 이론적 자원인 듯하다. 이제 우리 현실로 돌아와 이야기해 보자. 최근 거버넌스라는 이름으로 민관 협력을 강조하는 주장과 실험이 있었다. 이에 대한 이야기부터 하나씩 살펴보자.

8. 코포라티즘과 제한 정부

우선 최근 우리 사회에서 많이 논의되고 있는 거버넌스 이론과 코포라티즘은 어떻게 연관 지을 수 있을까?

서구의 여러 학자들은 최근 코포라티즘이 거버넌스 이론에서 중요한 위치를 점하게 되었다고 말한다. 무엇보다 한국적 맥락에서 이 문제를 말할 필요가 있다. 한국 사회에서 코포라티즘이라는 말은 대중화되지 않은 반면, 거버넌스라는 말은 널리 대중화되었다. 그리고 정치학자들보다 사회학자들 사이에서 많이 사용되는 것 같다. 주로 '지배 구조'로 번역되는데, '시민사회'와 함께 쓰인다. '거버넌스'는 중앙정부의 관료 행정 기구나 지방자치단체 산하 기구의 공적 업무를, 시민사회라는 사적 사회 영역의 시민운동/사회운동의 활동가들, 혹은 이를 대표하는 전문가들이나 역할 대행자들이 대행하는 반(半)공적·반(半)사적 역할을 의미하기도 한다. 또한 공적 기관의 담당자들과 협력하거나 분점해 공동으로 정부/지방자치단체의 공적 업무를 수행하거나, 이들 사이의 의사소통 채널을 통해 정책 결정에 참여하는 것을 뜻하기도 한다. 요컨대 거버넌스라는 말은, 국가권력의 공적 업무가 확대되고, 민주화 이후 정책 결정과 집행 과정에서 시민사회의 참여가 확대된 결과, 공적 영역과 사적 영역의 접점이 넓어진 결과물이다.

그러나 거버넌스라는 말이 또 다른 방향에서 사용되는 것 같다. 최근 들어, 특히 지난 대선 경쟁 과정과 문재인 정부 출범 이후 '협치'라는 말은 통합이라는 말과 더불어 정치 언어와 담론을 지배하고 있다. 처음 그 말이 나타났을 때도 '지배 구조'가 아닌 '협치'라는 말로 번역됐다. 지금 협치라는 말은 과거와 같은 '정당 간의 이념 대립'이 아니라, '갈등이 아닌 협력'을 강조하는 뜻으로 이해된다. 그러다 보니 거버넌스라는 말은 완전히 뜻이 다른 두 가지 의미로 사용된다.

그럴 경우라면 초당적(bipartisanship)이라고 하면 되지, 굳이 협치라는 말을 사용할 필요가 있을지 의문이다. 거버넌스라는 말은 협치보다 '지배 구조'라는 표현이 더 합당하다고 생각한다. 거버넌스를 지배 구조로 이해하면, 정책 경쟁이나 집행 과정에서 공적 기구 및 공직자들을 한편으로 하고, 시민사회의 전문가 집단이나 활동가들을 다른 한편으로 하는, 양자 간의 관계를 중심으로 이해할 수 있다. 이 말은 정책 결정이나 집행 과정 어느 쪽에 대해서도 사용할 수 있을 것이다. 하지만 지금 일부 지방자치

단체에서 추진하고 있는 협치와 거버넌스 정책에서는 그런 특징을 발견하기 어렵다. 일견 시민사회 활동가나 전문가들의 참여를 강조하는 논리 같지만 결국 정책 결정과 집행의 이니셔티브는 어디까지나 국가 영역에 속하는, 공적 업무의 수행자들로부터 나오기 때문이다.

국가나 행정 주도의 개방과 참여를 거버넌스로 말한다거나 나아가 이를 코포라티즘의 한 유형으로 보는 것은 다분히 편의적이라는 생각이 든다. 코포라티즘은 지배 구조 또는 협치의 성격과 내용에 있어 한국에서 사용되는 의미와는 본질적으로 다르다. 그것은 노사정 3자기구, 제도, 메커니즘을 근본 구조로 하는 3자주의(tripartism)이며, 그 중심과 이니셔티브는 국가가 아니라 사회 영역에서 나온다. 그 주요 행위자는 시민사회의 노동과 자본이라는, 기능적 이익을 중심으로 조직된 결사체/집단이다. 우리가 코포라티즘을 거버넌스의 한 형태로 이해할 수 있는 것은, 특정한 기능적 영역에서 발생하는 갈등이나 집단적·집합적 행위에 국가가 정책이나 권력을 통해 직접적으로 관여하기보다, 이해관계자들 스스로 갈등을 해결하는 틀이라는 점에서 지배 구조라고 말할 수 있기 때문이다. 이런 갈등 해결 방식이 특별한 것은, 민주주의 정치에서 선거로 대표를 선출하고, 그렇게 선출된 대표가 갈등을 해소하는 것과는 다른 영역, 다른 차원에서, 즉 공적 영역이 아닌 사적 영역에서 그런 제도가 발생하고 기능하고 작동한다는 것이다.

근본적으로 '노-사'라는 생산자 집단이 자율적 결사체로서 기능하고 상호 작용할 수 있어야 한다는 뜻으로 들린다.

사용자 집단은 자본이나 기업의 이익을 추구하고, 노동조합은 노동자 또는 피용자들의 권익을 실현하기 위해 노력한다. 이들 이익이 상호 충돌하고 갈등 관계에 있기 때문에, 이들이 기업 활동과 노조 활동을 하는 곳에 중앙정부든 지방정부든 공적 기구의 대표들이 이들 양자 사이에 들어와 제3자로서 갈등을 조정하고 합의를 유도해 결정에 이를 수 있도록 역할을 한다. 이런 활동은 국가의 정책 결정 및 집행과는 관계없는, 즉 공적 영역 밖에 위치하는 경제활동 영역, 시민사회 영역에서 일어난다. 그렇기 때문에 코포라티즘의 이론가인 필립 슈미터는 이를 두고 이익대표(interest representation)라는 말보다, '이익 매개'(interest inter-mediation)라는 말을 사용한다. 이들 이익집단, 특히 계급적 이해관계가 충돌하기 쉬운 생산자 집단들 사이에서 이익을 매개해 갈등 관계에 있던 이들이 타협하고 합의를 이끌어 내고, 그럼으로써 공동의 이익에 이를 수 있도록 하는 것이 핵심이기 때문이다. 이렇게 사적 영역에서 노사가 스스로 갈등을 해결하고, 이를 통해 각자의 이익을 증진할 때, 그 결과는 국가 전체의 이익, 공익에 기여할 수 있다.

그런 체제가 가능하려면 무엇보다 먼저, 자율적 집단행동을 할 수 있도록 국가로부터 자유로워야 하지 않을까?

당연한 얘기다. 결사체의 자율적 영역이 존재하지 않거나 허약하다면, 국가 영역 밖에서, 시장도 아니고 공동체도 아닌 이익집단들 사이에서 스스로 거버넌스의 틀을 만드는 일은 불가능할 것이다. 기본적으로 기업 단체와 노동조합은 국가의 개입으로부터 자유롭게, 공동의 문제를 스스로 처리하고 해결할 수 있다. 그리고 코포라티즘으로 불리는 그들 사이의 협력적·합의적 노사 관계는, 1970~80년대 복지국가의 확대로 인플레이션이 나타나고 그것이 국가의 재정 압박으로 이어져 임금과 물가를 낮게 유지할 필요가 생겼을 때 등장했다. 이때 노사의 협력적 코포라티즘은 정부가 '소득정책'(incomes policy)을 운영해 나가는 데 결정적인 역할을 수행했다. 정부가 강압적으로 소득정책을 밀어붙이는 것이 아니라, 이들이 자발적으로 자신들의 이익 추구를 자제하면서 정부와 공동으로 정책을 마련하고 난제를 풀어 갈 수 있었다. 이 문제를 이해한다면 유럽에서 사회복지 체제가 어떻게 실제로 가능했는지, 어떻게 국가가 일일이 행정 관료적으로 문제를 처리하지 않고 당사자들 스스로 공익에 부응할 수 있는 복지 체제를 운영하는 주체가 될 수 있었는지 이해할 수 있을 것이다. 코포라티즘의 이론가들은 노사 협력을 통해 복지 체제의 운영 주체로서 역할을 가능하게 한 이런 틀을 '사적 이익 정부'라는 말로 표현하기도 한다.

많은 사람들은 국가가 나서서 문제를 해결해 주길 바란다. 코포라티즘은 문제의식이 많이 다른 듯하다.

1970년대 후반 이래 세계적으로 신자유주의가 빠른 속도로 확산되면서, 사람들은 국가의 실패를 감지하게 되었다. 그것은 서구 선진 자본주의국가들만의 현상이 아니었다. 그동안 나는 한국에서 국가가 실패하고 있음을 여러 기회를 빌려 말한 바 있다. 특히 한국은 산업화를 통해 비대해진 이른바 발전 국가가, 1990년대 말 국제 금융 위기 이래 신자유주의적 경제와 사회의 운영 원리를 과격하게 받아들이면서, 국가권력의 범위가 사회의 사적 경제 영역으로 광범하게 확산되었다. 박정희 패러다임의 유산인 강력하고 팽창한 국가는 그 공적 행위를 민영화하고 시장을 탈규제화하면서, 국가권력과 영향력이 축소되는 것이 아니라, 공적 행위를 사회 영역과 시장경제 속으로 더 확대하기에 이르렀다. 이런 국가의 행동 양식은 관료 행정 기구를 축소하는 것이 아니라 그 권능과 권력을 확대하는 결과를 가져왔으며, 그런 방향으로 움직였다. 그 결과 국가의 행정 관료 기구는 비대해질 대로 비대해져 움직일 수 없는 지경에 이르렀다. 이런 현상을 나는 '신자유주의적 발전 국가'라고 표현하기도 했다. 2014년 4월 세월호 사건이 일어났을 때 해수부·해경·행정자치부 등의 관련 부서들이 해양 사고 구난 업무를 모두 '언딘'이라는 사기업에 외주화하고, '한국선급'이라는 비영리 외주 법인에게 선박 개조와 안전 진단 같은 업무를 이양한 것을 설명하기 위해 이 개념을 사용했다. 영국의 저명한 정치경제학자인 콜린 크라우치(Colin Crouch)가 최근 출간한 책에서 강조하는 것도 이 문제다. 그 역시 공적 생활이 어떻게 사적 경제 운영 원리에 의해 지배되는가, 그로 인해 초래된 공직자 윤리의 변질은 어떠한가를 살펴보고 있었다.[•]

신자유주의와 강한 발전 국가의 결합이 아닌, 사회의 자율적 결사체들이 스스로 조정하고 협력할 수 있는 체제를 강조하는 것 같다.

우리는 세월호 사건을 비롯한 수많은 사례를 통해 국가의 실패를 볼 수 있었으며, 동시에 시장의 실패 또한 확인할 수 있었다. 어쨌든 정책 결정 과정의 기능적 퍼스펙티브에서 볼 때, 자본과 노동의 결사체들이 만들어 내는 자치 정부는 국가의 개입 없이도 국가와 시민사회 사이에 더 좋은 상호 관계와 더 효율적인 협력 관계를 만들어 냄으로써 사회의 문제 해결 능력을 증진하게 될 것임이 분명하다. 슈미터와 볼프강 슈트리크는 사적으로 조직된 이익들의 공적 사용, 즉 결사체를 통한 집단들의 자치 정부

[•] Colin Crouch, *The Knowledge Corrupters : Hidden Consequences of the Financial Takeover of Public Life* (Polity, 2016).

가 국가 내지 시민사회와 결합해 공동체가 필요로 하는 역할을
여러 형태와 여러 내용으로 더욱더 풍부하게 할 수 있다고 말하
고 있다.[*]

국가의 적극적 개입이냐 사회의 자율적이고 집단적인 조정이냐 하는 문
제를 우리 사회에서는 여전히 이해하기 어렵다.

유럽에서 사회민주주의와 복지국가는 거의 같은 말이다. 둘 다
경제 이론으로는 케인스주의를 기반으로 한다. 소비를 위한 가용
소득이 적은 저소득층 및 사회적 약자에게, 정부 재정과 사회정책
을 통해 복지비를 분배함으로써 수요를 창출하는 것이다. 이런
방식으로 복지국가가 작동하고 재생산된다. 그 결과, 자본주의가
필연적으로 만들어 낼 수밖에 없는, 이른바 자본과 노동 간의 '계
급 갈등'이 뚜렷하게 완화되는 분배 효과를 갖게 되며, 그러면서
도 자본주의경제는 재생산되고 성장한다. 이때 증세는 복지의
비용이다. 그러나 '영광의 30년' 이후 이 선순환 과정이 인플레
이션, 국가의 재정 위기, 국가의 재정 적자로 인한 국가 부채의
증가와 더불어 위기에 처했으며, 그에 대한 대응으로 자율적 시

---

[*] Wolfgang Streeck and Lane Kenworthy, "Theories and Practices of Neocorporatism", Thomas Janoski et al., *The Handbook of Political Sociology* (Cambridge U.P., 2005).

장경제를 강조하고 국가의 경제 개입을 부정하는 신자유주의적 경제 원리가 등장한 것이다. 그런데 이 과정에서 독일은 이런 일반적 유형으로부터 벗어나, 독일식 복지국가 모델을 발전시켰다고 볼 수 있다.

독일 모델의 특별함은 역시 노사가 평등한 시민권 행사자가 되는 데 있는 것 같다.

독일은 경제와 노동을 운영하는 데서 국가의 역할, 경제와 시장에 대한 국가의 개입을 최소화한다는 점에서 특징적이고 독창적이다. 국가의 역할을 최소화하는 한편, 자본주의 체제에서 자본과 노동이라는, 두 중심적인 생산자 집단이 자신들의 이익을 추구하고 성취할 수 있었다. 달리 말하면, 코포라티즘이라는 노사 관계의 협력적 모델을 발전시킴으로써 국가보다는 사회 중심적인 경제 운영 방식을 발전시킬 수 있었던 것이다. 자본주의 생산 체제의 가장 갈등적인 영역에서 그들은 국가의 개입을 최소화하면서, 슈트리크와 슈미터가 말하듯이 '자치적 지배구조'(self-government) 내지 '사적 이익 지배구조/정부'(private interest government)를 발전시킨 것이다. 이것이 의미하는 바는 크다. 엄밀하게 말해, 독일은 케인스주의에 입각한 사민주의적 복지국가가 아니다. 복지국가는 복지국가이지만, 국가의 조세정책에 의존하기보다, 노사 갈등을 사회집단들 스스로 풀어 나가는 방식을 발전시

194

컸고, 그럼으로써 국가의 복지 부담과 비용을, 프랑스와 같은 국가 중심의 복지국가보다 크게 줄일 수 있었다. 즉 코포라티즘이라는 사적 이익 정부를 발전시킴으로써 그들 스스로 갈등을 해소하고 복지를 공급하고 기술 훈련을 제공하며, 불황 시 노동시간을 축소하고, 자체적으로 임금과 복지비 인상을 자제함으로써, 해고의 위험으로부터 보호되는 고용 안정을 실현할 수 있었기 때문이다. 이런 노사 관계를 구현하는 사적 지배 구조는 공적 국가 영역의 규모와 역할을 뚜렷하게 축소·유지시킬 수 있었고, 복지 체제를 이완했을 때 발생할 수 있는 부정적 효과를 완화할 수 있었다. 케인스주의가 아닌 방식, 질서 자유주의 담론(Ordo-liberal discourse)을 기초로 하는 '사회적 시장경제'를 통해 복지 체제를 발전시킨 것이다. 요컨대 독일의 독창성은 국가의 역할이 아니더라도 자본주의 체제에서 가장 강력한 이익 갈등의 원천이 되는 문제를, 사회에서 당사자들 스스로가 결사체를 조직해 해결해 왔다는 점이다. 어떻게 국가의 개입, 국가의 권력이 사용되지 않고도 사회가 계급 갈등을 해소할 수 있는가 하는 문제에서, 독일은 대단한 성취를 보여 주었다.

독일에서 국가 내지 정부의 역할은 어떤가?

독일이 1980년대 말 천문학적인 통일 비용을 부담하고, 세계 시장의 경쟁 압력에 대응하면서 재정 위기에 직면했을 때, 앞에서도 말했지만 하르츠 개혁을 통해 기존의 복지 체제를 이완하는 대개혁을 단행했다. 그럼에도 불구하고 독일식 복지 체제는 유지되고 있다. 우리가 독일로부터 배울 수 있는 것은, 국가는, 사회에서 경제 이익을 둘러싸고 발생하는 이익 갈등과 그 결사체들의 자율성에 대해 부정적으로 접근해 정치적·법적 방식으로 이를 방해해서는 안 된다는 것이다. 무조건 그래야 하는 것은 아니겠지만, 기본적으로 사회 스스로 문제를 해결하게 해야 한다. 그것이 민주주의의 원리와 가치에 가까우며, 자본주의 시장경제의 운영에도 도움이 된다.

9. 한국식 코포라티즘 : 노동 있는 민주주의로

촛불 시위로 인한 조기 대선과 새 정부의 출현은 한국 민주주의에서 대격변적 사태가 아닐 수 없다. 이런 정치 변화가 실체적 수준에서 한국 민주주의 발전을 위한 계기로 작용하려면 어떤 의제에 집중해야 한다고 보는가?

나는 노동문제라고 생각한다. 그동안 나는 한국의 정치와 사회를 지배해 온 박정희 패러다임의 해체는 노동문제의 변화 없이 불가능하다고 믿어 왔다. 노동문제가 달라지지 않으면 근본적으로 달라질 것은 없다. 박정희 경제 발전 모델은, 국가-재벌 동맹이 성장을 주도하고 노동을 배제하는 것, 그것을 핵심으로 하기 때문이다. 2013년 대선 이래 최근 대선에 이르기까지 '경제민주화'라는 이슈가 중심에 있었다. 그러나 재벌 개혁이 주로 이야기될 뿐 노사 관계의 개혁은 포함되지도 논의되지도 않고 있다. 노동문제를 둘러싼 개혁 없이, 재벌의 소유권과 경영권 인정을 둘러싼 대기업 지배 구조를 개혁하는 것만으로 한국 경제의 핵심인 국가-재벌 유착 관계를 변화시킬 수 있을지는 극히 의문이다.

왜 그런가?

이런 개혁 방식은, 권위주의적 산업화 과정에서 보여 준, 국가 주도의 관치 경제 방식의 연장선상에서 재벌 기업을 재구조화하는 데 그칠 가능성이 크다. 나는 재벌 개혁은 국가-재벌 관계, 그리고 재벌 거버넌스 개혁이라는 폐쇄적이고 좁은 틀에서가 아니라, 한국의 자본주의 생산 체제 전체를 포함하는 좀 더 큰 문제, 즉 노사 관계를 포함하는 개혁이라는 틀에서 접근해야 한다고 생각해 왔다. 기존에 논의되고 있는 개혁은, 국가-재벌 양자 간의 관계라는 협소한 틀, 국가 및 경제의 기업 경영층의 범위에 한정된 개혁일 뿐이다. 자본주의 생산 체제가 작동하고 기능하는 경제와 사회의 전 영역을 포괄하는 비전은 그 속에 없다. 경제개혁은, 그동안 경제체제에서 참여가 배제돼 왔고, 평등한 노사 관계를 구성할 수 없었으며, 성장과 발전의 성과를 공정하게 배분받지 못했던 노동을 포함하는 것이 핵심이라고 생각한다.

지난 민주화 이후 30년을 거치면서 '노동 있는 민주주의'로 전환할 수 있었던 계기는 없었을까?

1980년대 이래 우리는 권위주의적 산업화가 만들어 놓은 생산 체제와 시장체제가 민주주의와 만나는 계기를 가진 바 있다. 이와 관련해 노동운동이 1997년에서 1998년 사이의 국제 금융 위기 상황에서 정부가 부과한 IMF 개혁 패키지를 수용한 것은 큰 의미를 갖는다. 당시 민주노총이 정리 해고를 허용하는 '2·8 사회 협약'을 수용할 수밖에 없었던 것이 결정적 계기로 작용했다. 이로 인해 노사 관계의 민주화가 더욱더 어려워졌기 때문이다. 한국의 노동은 산업화 시기 이래 중심적인 생산자 집단으로서 산업화와 경제성장에 가장 큰 기여를 했음에도 가장 많은 희생을 감내해야 했다. 그리고 민주화 이후 선출된 정부하에서도 지속적으로 그런 배제와 소외를 견뎌야 했다. 우리에게 필요한 것은 독일식 코포라티즘을 모델로 한 변화, 그러나 한국적 조건에서 실현하는 한국식 코포라티즘 모델을 만들어 가는 것이 아닌가 생각한다.

그런 방향으로 노동문제를 접근한다면 새 정부의 과제는 무엇일까?

한국에서는 서구 기독교, 특히 가톨릭 문화의 전통에서 볼 수 있는, 그리고 산업화의 타이밍에서 독일이나 일본 같은 2세대 자본주의 국가들에서 볼 수 있는 공동체적 대응을 경험한 적이 없다. 물론 산업화의 동력인 자유 시장 경쟁에 대응하거나 병행할 수 있었던 코포라티즘 같은 공동체적 대응의 전통도 없다. 칼 폴라니(Karl Polanyi)는 19세기 자본주의 산업화라는 '대전환'에서 효율성의 가치가 사회의 공동체성을 해체하는 시장 경제적 힘과, 공동체성을 유지하는 사회적 힘 간의 대립 관계를 이론의 중심에 놓았다. 코포라티즘은 '사회공동체'라는 가치의 한 표상이다. 지금 한국 사회는 아래로부터 이런 공동체적 가치를 활용할 수 있는 조건이나 전통을 갖고 있지 못하다. 따라서 민주적으로 선출된 정부가 위로부터 국가의 힘을 이니셔티브로 하여 이 구조를 건설할 필요가 있다. 선출된 정부가 스스로 민주적이고 개혁적이라고 자부한다면 대타협의 이니셔티브를 가지고 이를 선도할 수 있다. 대기업이 노동자들의 대표로서 노동조합을 인정하고, 그들을 기업 경영의 파트너로 받아들이는 것이 그 내용이다. 이 타협이 최우선이며, 따라서 경제 민주화 담론이 함축하는 여러 다른 요소들은 모두 이 첫 번째 대타협의 맥락과 내용을 구성하는 부차적인 부분이 될 것이다. 이 타협을 이끌어 내기 위한 또 다른 조건은 노동운동의 정책과 운동 내용, 태도의 변화이다.

노동운동에도 새로운 변화의 과제가 있다면?

기업과 노동 간의 힘의 관계는 완전히 일방적이다. 노동운동은 현재 억압과 배제라는 조건에 놓여 있다. 그러나 이런 반노동적 사회·정치적 상황 때문에 한국의 노동운동이 당연히 전투적이고 급진적이어야 한다고 말할 수는 없다. 그건 당연한 대응이 아니다. 노동운동의 전투적 전략과 태도가 진보파들 사이에서는 정당화되고 널리 합리화될 수 있을지 모른다. 그러나 이런 사실에도 불구하고, 노동운동이 지금까지 해왔던 방식으로 반기업적 태도를 유지한다면 기업은 타협의 조건을 수용하려 하지 않을 것이다. 기업이 타협하도록 하는 변화를 위해서 무엇이 필요한가를 생각해 보았으면 한다. 그런 의미에서 현재까지 우리에게 익숙한 노동운동의 변화가 필요하다. 그동안 노동운동이 (최소한 슬로건과 담론에 관한 한) 급진적이고 대규모 파업을 무기로 하는 전투적인 것이었다고 할 때, 그런 방식에 변화가 필요하지 않을까 생각한다. 노동운동은 기업 협력적인 길을 통해 더 강해질 수 있다. 이런 변화는 중산층과 지식인층으로부터 노동운동에 대한 인정과 이해를 끌어내는 데 기여할 것이다. 대기업도 그렇듯이, 노동운동 역시 노사 관계 영역 밖에 있는 대중의 정치적 태도와 여론의 영향을 크게 받기 때문이다.

노사정 모두의 거시적 전환은 그간에도 여러 형태로 주장된 바 있다. 그런데 실제 변화는 없었다.

산업부문들과 노동 현장, 기업 수준에서의 노사정 타협을 포괄하는 관점이 없었기 때문이다. 그것은 한국 사회를 구성하는 하위 체계에서의 변화를 의미한다. 이렇게 생각해 보자. 전국 수준에서 정치적 방식으로 노사정 대타협이 이루어졌다 하더라도, 실제로 경제·사회적 영역에서 이를 떠받치지 못한다면, 그것은 형식적인 하나의 상부구조가 되고 말 것이다. 보수적인 정부로 정권이 교체될 때 그것이 얼마나 지속 가능할지도 의문이다. 그러므로 하부구조가 필요하다. 진정으로 하부구조가 중요한 것은 실제로 힘의 관계가 이 하부구조에서 발생하고, 그것에 의해 재생산되거나 폐기되기 때문이다. 우리 사회에는 수많은 하부 기구·기관·조직이 존재한다. 그리고 그 상층에서의 권력관계가 그 하부구조에 수직적으로 영향을 미친다. 한국 사회는 하부구조의 자율성이 존재하지 않거나 약하기 때문에 위가 바뀌면 모든 것이 바뀌고 영향을 받는다. 달리 말하면, 하부구조가 민주적인 기반을 갖지 않는다면 상부구조도 진정으로 민주화되기 어렵다는 것이다. 형식과 제도는 바뀔지 몰라도 내용은 바뀌지 않는다. 형식과 제도로 말할 것 같으면, 전국 수준에서는 구질서가 민주화되고 정권마다 개혁을 부르짖는 걸로 보아 뭔가 큰 변화가 있을 것 같지만, 그렇다고 해도 사회를 구성하는 미시적 수준에서 권력관계는 달라지지 않기 때문이다. 그래서 구질서가 지배하는 힘의 관계, 행위 양식들이 지속된다.

거시 수준과 하위 수준의 코포라티즘은 어떻게 병행 내지 결합될 수 있는가?

노사정 대타협은 우선 상부인 전국 수준에서 국가가 주도하는 코포라티즘적 노사정 관계를 형성해야 한다. 그리고 사회의 하위 수준(기업 수준에서 경영과 피용자 간 관계로 구성되는 공적·사적 기구들)에서, 고용계약 관계가 존재하는 기업과 기구들에서 역시 코포라티즘적 노사 관계가 필요하다. 이 하위 수준의 노사 관계에 반드시 공적 기구나 정치의 대표가 들어올 필요는 없다. 이 수준에서는 노사 양자 관계가 더 일반적인 유형이다. 이 점에서 우리는 코포라티즘적 제도화를 정치적·사회적 역할에 따라 두 종류로 나눌 수 있다. 첫째는 독일이 대표적인 모델로, 유럽의 선진 자본주의 국가들의 노사 관계에서 볼 수 있는 코포라티즘이다. 그것은 전국 수준과 하위의 실제 산업부문, 두 수준 모두에서 제도로 작동한다. 둘째는 전국 수준의 노사정 코포라티즘은 존재하지 않지만, 기업 수준인 하위 수준에서 코포라티즘이 존재하는 경우이다. 대표적으로 일본이 있다. 일본 정치·경제의 대가인 영국 런던 대학의 로널드 도어(Ronald Dore) 교수는 일본의 코포라티즘을 일컬어 '기업 코포라티즘'(enterprise corporatism)이라고 부른다. 일본 기업은 대부분 노조든 노동평의회든 피용자인 노동자와 기업 경영 측이 서로 대화하고, 작업장의 역할 배정, 고용조건, 승진, 임금 결정, 노동자 복지 등과 아울러 기업의 운영 방식과 같은 중요 사안에 대해 협의하는 노사 협력 구조를 갖는다. 기업만이 아니라 연구소 같은 공공 기관에서도 그렇다. 한 일본 정치학자의 말대로 전국 수준에서의 노사정 3자 관계를 '노동 없는 코포라티즘'이라고 특징짓는 것은 틀린 말이 아니다. 그러나 그것은 어디까지나 전국 수준에서의 특성을 말한다. 정부의 중심 정책이 결정되는 과정에서 노조는 참여자가 될 수 없다. 집권당, 관료, 사용자 대표가 결정자들이다. 그러나 의회와 정당은 물론, 정부 관료 체제 안에서도 정책 결정에 이해 집단들이 광범하게 참여할 수 있는 채널을 열어 놓는다. 그리고 기업 수준에서 노동자 또는 피용자들이 자신들이 노사 관계에서 소외되지 않는, 기업 수준의 코포라티즘이 존재한다.

한국은 일본 유형과도 거리가 멀다.

한국의 경우 노동자·피용자가 그들을 고용하는 기업이나 기관의 고용자 혹은 최고 결정자와 협의하거나 공동 결정을 할 수 있는 메커니즘이 존재하지 않는다. 노조가 있다 해도 자율성이 적고 대체로 형식적일 뿐이다. 이 점에서 한국은 아무것도 없는 세 번째 범주에 속한다. 사회경제적 수준에서 한국의 피용자/노동자들은 실제의 대표성, 이익 매개의 제도적 채널을 갖지 못한다. 한국 사회는 노동문제와 관련해 많은 변화가 필요하다.

10. 코포라티즘 이론의 패러독스

조건과 환경이 어렵지만 변화의 계기를 찾아가야 할 것 같다. 그래도 최근 전례 없이 많은 사람들이 코포라티즘을 이야기하는 것 같다.

2017년 늦봄에 한국 사회정책학회 춘계학술대회에 참여할 기회가 있었다. 이 학회의 주제는 촛불 시위가 가져온 한국 정치 변화의 내용과 성격을 분석하고, 무엇이 진정한 개혁 과제인가를 토론하는 것이었다. 이 자리에서 나는 한국 자본주의의 특성과 사회정책 연구 분야를 선도해 온 대표적 학자들인 이병천, 조흥식, 전병유 교수 등이 노사 간 파트너십을 최우선 개혁 과제로 설정하면서, 독일식 코포라티즘을 모델로 하는 한국식 코포라티즘을 주장하는 것을 보고 반가웠다. 지난날 학계의 소수 연구자들 사이에서나 논의되었던 코포라티즘이 이제 학계의 울타리를 벗어나 한국의 정치 경제개혁의 실천적 대안을 구상하는 데 중심적인 이론으로 나타났음을 확인할 수 있었기 때문이다. 그 구체적인 사례로 최근 서울시는 여러 실험 단계를 거쳐 금년 초 새로운 규약하에 '서울시 노사정 서울 모델 협의회'를 설치했다. 사용자인 서울시를 한편으로 하고, 서울시 산하 공기업들의 노조 대표들을 상대로 하는 노동협의회를 출범한 것이다. 그것이 성사될 수 있었던 것은 박원순 서울시장의 적극적인 뒷받침에 힘입은 바 크다. 그런가 하면 윤장현 광주광역시장은 독일 '슈투트가르트 폭스바겐 아우토 5000 프로젝트'를 모델로 해서 상대적으로 저임금인 비정규직 노동자들을 고용할 수 있는 새 기아차 부품 공장 설립을 유치해 광주형 고용 창출 모델을 정책으로 추진하고 있다. 그것을 위해 시는 노사가 포함된 합의 구조를 만들어 시와 기아차, 그리고 취업을 희망하는 젊은이들의 요구가 합치할 수 있는 과감한 실험을 시도하고 있다. 서울시가 공공 부문에서, 그리고 광주시가 사기업 부문에서 시도하고 있는 노사정 협의/합의 기구의 실험들은 한국식 코포라티즘의 한 사례로 제시될 수 있겠다.

지금까지 한국 사회에서 노동문제, 노동운동이 자본주의 생산 체제를 운영하는 원리와도 상응하고, 민주주의 규범과 원리와도 충돌하지 않을 수 있도록 노사 관계를 발전시키는 문제에 대해 말했다. 그 방법으로 코포라티즘을 제시했고, 몇 가지 사례에 대해서도 살펴봤다. 그런 접근과 실험이 확산되기 위해서는 어떤 변화가 필요한가?
우리 사회에서 코포라티즘이 실현되기 위해서는 두 수준의 변화가 필요하다. 첫째는 노동운동에 대한 일반인의 인식이 변해야 한다. 노동이란 무엇이고, 노동자는 누구인가? 대부분의 사람들은 노동자를 산업부문 가운데, 특히 제조업 생산 부문에서 일하는 사람으로 이해한다. 물론 그런 이해가 사실과 다른 것은 아니지만 좁은 의미의 노동자일 뿐이다. 일반적 의미에서 노동자는 생산직 노동자, 사무직 화이트칼라, 서비스 부문에서 일하는 사람들, 소자영업자 등 여러 다른 기능적 범주에서 일하는 사람 모두를 포함한다. 보통 '노동문제'라고 하면 노사 간 대립·갈등이 일단 머리에 떠오르며, 불손하고, 성장의 발목을 잡고, 기업 운영에 장애가 된다는 등 국가의 중심적 가치와 목표를 실현하는 데 장애물이라는 인식이 많다. 그렇지만 노동자라는 말은, 직접 일하는 사람, 일을 통해 사회경제적 생활을 영위하는 사람으로 정의하는 것이 더 좋고, 더 옳다. 노동자라는 말은 그 의미가 매우 넓다. 대부분의 사람들은 스스로 일하지 않고 사회경제적 생활이 불가능할 것이다. 이렇게 노동문제를 이해하면, 노동문제는 모든 사회 구성의 중심에 위치하게 된다. 그리고 한 사회에서 나타나는 대부분의 갈등은 고용자와 피용자, 기업과 노동자 사이에서 발생한다. 그것은 모든 갑을 관계가 발생하는 사회경제적 구조이다. 한국 사회에서 노동문제가 지극히 부정적으로 인식되고, 노동자들을 천시하게 될 때, 갑을 관계는 평등하고 공정한 사회적 계약관계가 아니라, 위계적이고 불평등하고 불공정한 사회

관계가 되고, 그러므로 그것은 독일 철학자 헤겔이 말했던 '주인과 노예' 간의 변증법으로 표현되는 갈등적 투쟁 관계로 변모한다. 자본주의 시장 질서는 곧 이런 투쟁 관계의 원천이 되고 그렇게 변모되어, 도처에서 사회적 갈등이 문제를 몰고 오게 된다. 이런 환경에서는 개개인의 인간적 존엄성, 자기 존중, 이들 간의 인간적 존중과 상호성이 존재하기 어렵다. 코포라티즘에 대해 많이 말했지만, 사실 노사 관계가 그렇게 되어야 한다는 것은 규범적인 문제는 아니다. 그러나 사회가 다원화되어야 한다는 것은 자유주의적 가치로나 민주적인 원리로나 그래야 한다는 규범적 의미를 갖는다. 그럼에도 불구하고 비타협적 노동운동관이나 다원주의적 이익집단의 관점에서 문제를 보는 것보다 코포라티즘의 관점에서 접근하는 것이 더 바람직한 이유는, 그것을 통해 노동자들의 집단적 존엄성을 실현할 수 있기 때문이다. 나는 독일 사회가 이런 모습을 보여 주는 좋은 사례라고 생각한다. 평등함과 공정성, 상호성, 그로부터 나오는 인간의 존엄성 같은 것을 독일 보통 사람들의 생활 태도와 자세로부터 느낄 수 있었다. 그런 느낌은 한국 사회에서는 갖기 어려운 것이다.

두 번째 필요한 변화는 무엇인가?

한국 사회에서 '노동자'라고 하면 프롤레타리아 계급의 성원으로, 반자본주의적이거나 체제 부정적인 어떤 급진적 이념/태도를 갖는 것으로 이해하는 경향이 많다. 일반 사람들도 그렇고 노동운동 활동가들 사이에서도 그런 것 같다. 무엇보다 그것은 노동운동 역사에서 워낙 마르크스의 계급 혁명 이론이 갖는 영향력이 컸기 때문이다. 노동문제를 설명하고 노동운동을 실천하는 데 참고할 만한 이론이 마르크스의 계급투쟁 이론만 있는 것은 아니다. 이론의 역사를 통해 본다면, 노동문제와 계급 문제를 가장 먼저 이론적으로 말했던 사람은 고대 그리스의 아리스토텔레스이다. 정치 이론의 시작, 민주주의의 시작 단계에서부터 부자와 빈자 간의 계급 갈등은 그 중심 주제의 하나였다. 프랑스혁명 때는 말할 것도 없고, 미국 헌법을 이론적으로 설계해 헌법의 아버지로 불리는 미국 4대 대통령 제임스 매디슨(James Madison)도 미국 연방 국가의 제도적 원리를 구상하고 발전시킬 때 노동문제로 말미암아 발생하는 갈등을 어떻게 해결할 것인가를 다른 어떤 문제보다 깊이 생각했다. 마르크스는 이런 여러 이론가들 가운데 한 사람의 이론가이자 사상가였을 뿐이다.

코포라티즘의 이론적 연원이 민주주의와는 크게 상관이 없는 것 같다. 그것 때문에 코포라티즘이 더 중요한 것인지도 모른다. 어느 누구도 부정할 수 없는 사실은, 코포라티즘의 이론과 실천이 마르크스 이론과는 정반대 방향에서 왔다는 점이다. 그것은 뒤르켐 이론과 친화성이 높은, 기능주의적이고, 유기체적 의미를 갖는다. 자본과 노동, 기업과 노동조합이라는, 자본주의 생산 체제에서 대립적이고 갈등적인 관계에 있는 이들 집단이 노사 간 통합을 통해 공동의 목적을 추구하는 협의적·통합적 기구를 만들어 내는 것을 의미하기 때문이다. 이 점은 마르크스주의적 노동운동관을 갖고는 수용하기 쉽지 않다. 사상적 연원으로 말한다면, 그것은 개인주의적 프로테스탄티즘이 아니라 공동체적 가치를 중시하는 가톨릭 사상의 전통에서 나온 것이다. 이것이 현실 정치에서 활용된 것은 19세기 후반 독일 통일의 지도자이며 복지 제도의 창설자인 비스마르크의 정책이었다. 나아가 이런 이론은 독일 나치 체제나 이탈리아 파시즘, 그리고 전간기 동안 유럽 여러 파시즘 국가에서 활용했던 이념이고 제도이다. 풀어 말하면 보수 중에서도 극보수의 전통을 사상적·제도적 연원으로 하고 있는 것이 코포라티즘이다.

흥미로운 패러독스가 아닐 수 없다.

일찍이 비스마르크가 1870년대에 독일 통일을 완성했을 때 직면한 최대의 과제는, 이 시기 독일 산업화가 만들어 낸 노동운동과 그 정치적 대표인 사회민주당을 어떻게 다룰 것이냐 하는 문제였다. 비스마르크는 한편으로는 노동자들의 정치 운동을 억압하고, 다른 한편으로는 그들을 위한 복지 제도를 만들었는데, 문제는 실업·노년·산재보험을 위한 재원이 부족하다는 것이었다.

그때 그는 노조 기금을 활용했고, 노조로 하여금 기금을 운영하도록 했다. 즉 정부가 제도를 만들었지만 기금의 운영을 담당하는 역할은 노조가 맡은 것이다. 오늘날 유럽 국가들을 보면, 노사가 공동으로 복지 기금을 운영하는 사례를 거의 공통적으로 발견할 수 있다. 이런 노사정 협력 관계는 나치 체제를 떠받쳤던 산업 생산과 기술을 위한 원동력으로 활용되었다. 전후 독일이 고숙련의 산업 기술을 유지하면서 빠른 경제성장과 자본축적을 이룰 수 있었던 것은, 이런 코포라티즘의 전통 때문이기도 하다. 1970년대 이 코포라티즘 이론을 만든 정치학자 필립 슈미터의 독창성은, 마르크스주의와 정반대되는 가톨릭 전통, 파시즘 체제가 활용했던 제도와 전통에서, 현대 자본주의 체제가 안고 있는 난제인 계급 갈등 문제를 풀어 나갈 수 있는 해결책을 발견했다는 사실이다. 따지고 보면 여러 중요한 이론들은 패러독스의 산물인 경우가 많다.

이론 그 자체가 진보적이거나 보수적인 성격을 고정적으로 갖고 있는 것은 아니라는 뜻 같다. 보수적인 이론도 조건이 달라지면 얼마든지 진보적으로 작용할 수 있다는 것으로 이해해도 될 듯하다.

코포라티즘의 이론적 용도에 대해 패러독스라고 말한 것은 특정의 이론이나 사상, 관점이나 가치가 어떤 시대, 어떤 사회적 환경에도 불구하고 불변적으로 작용하는 것은 아니기 때문이다. 코포라티즘이라는 말이 사용되고 효능을 가졌던 것은 영국 혹은 그 전통을 이어받은 전후 미국과 같은 자본주의 선발 국가가 아니라, 독일, 일본, 또는 유럽의 후발 자본주의국가에서였다. 더욱이 그 이론은 전간기 파시즘 체제에서 활용되기도 했다. 1974년에 출간되어 필립 슈미터가 코포라티즘을 중요한 이론으로 만들었던 첫 논문의 제목은 "아직도 코포라티즘의 세기인가?"●였다. 러시아 귀족 출신인 루마니아 학자 미하일 마노일레스코(Mihaïl Manoïlesco)의 『코포라티즘의 세기』●●라는, 1930년대 중반에 출간된 논문으로부터 영감을 얻은 것이다. 그는 자본가/기업과 노동자들이 시장에서 각자의 이익을 추구하고, 그들의 상품이 자유무역을 통해 교환되는 자유주의 경제 이론이 아닌, 국가를 단위로 하는 민족주의 이념이 지배하던 경제체제에서 노사 관계의 본질 내지 특성을 끌어낸 것이다. 그 체제는 노사 간의 갈등이 아니라, 노사 화합, 통합을 본질로 하는 경제 운영 체제였다. 이 점에서 코포라티즘은 케인스주의와 마찬가지로 고전적인 자유주의 경제체제에 도전한 중요 이론의 하나이다. 파시즘과 나치즘

● Philippe C. Schmitter, "Still the Century of Corporatism?", *The Review of Politics* Vol. 36, No. 1(1974).

●● Mihaïl Manoïlesco, *Le Siècle Du Corporatisme : Doctrine Du Corporatisme Intégral Et Pur* (Felix Alcan, 1934).

이 해체된 전후 시기 코포라티즘은 복지 체제를 떠받치는, 또는 그것과 잘 병행할 수 있는 노사 합의 구조를 만들어 내는 역할을 했다고 슈미터는 강조한다. 그러므로 한 국가의 생산 체제에 있어 노사 간 계급 갈등을 완화하고, 한 나라의 경제체제에 효율성과 경쟁력을 높이는 데 기여할 수 있는 것이다. 그리고 전후 복지 체제를 건설하는 데서나, 신자유주의적 세계화라는 조건하에서 노동 보호를 실현하는 데도 기여한다는 것이다. 그런 요소들이 전후 유럽 국가에서 널리 코포라티즘을 수용할 수 있게 한 것이다. 그러므로 전체주의가 패망하고, 소멸한 종전 이후에도 여전히 20세기는 코포라티즘의 세기라는 것이다. 정치적 상황은 민주화로 크게 변했고, 경제 상황도 신자유주의적 세계화가 지배하지만, 코포라티즘은 여전히 자본주의 생산 체제와 노사 관계에 크게 기여하게 되었으니 패러독스임에 분명하다. 이렇게 말할 수 있는 것은 둘 중 어느 하나이거나 두 가지 경우 모두이기 때문이다. 하나는 이론의 현실적 기여와 힘은 그 자체로부터 발생하는 것이 아니라는 점이다. 이론은 시대적 상황과 사회적 조건이 진정으로 무엇을 필요로 하는가 하는 요구와 만날 때 그 효능이 발휘된다. 그렇지 않을 때 특정 이론은 별 효용이 없거나 부정적인 결과를 만들어 낼 수 있다. 다른 하나는, 문제를 풀어 나가는 데 널리 유용하리라 생각했지만 현실에서 효용성이 떨어지거나, 여러 편견으로 별로 유용하지 않다고 생각했던 이론이 의

외로 효용성이 높은 것으로 나타날 때이다. 어떻게 보든 코포라 티즘은 이론이 갖는 패러독스를 가장 잘 보여 주는 사례가 아닌 가 한다.

이제 결론을 내려야 할 것 같다. 민주주의라는 정치적 조건, 신자유주의 적 세계화라는 환경에서 노동문제를 풀어 나가야 하는데, 그러기 위해서 는 어떤 이론이 필요한가라는 문제일 것이다. 결국 코포라티즘이 그 대 답인가?

그렇다. 촛불 시위로 탄생한 문재인 정부가 직면하고 있는 핵심 과제를 풀어 나가는 데 있어 코포라티즘이 중요한 이론적 가이 드가 될 수 있지 않을까 생각한다. 적어도 내가 이해하는 촛불 시 위의 핵심 과제는 민주주의를 통해 정부의 질적 수준을 높이는 것이 하나이고, 다른 하나는 1960~70년대 산업화를 통해 형성 되고 지금까지 면면히 유지되고 있는 이른바 박정희 패러다임 대신, 민주주의의 규범 내지 원리와 병행할 수 있는 방향으로 한 국 경제의 운영 원리를 개혁하는 일이다. 박정희 패러다임은 국 가-재벌 대기업 동맹이 경제 발전 내지 성장을 주도하는 동안, 노동을 배제하는 것을 그 핵심 요소로 하고 있기 때문이다. 그것 은 민주화 이후에도 '노동 없는 민주주의'를 구현하는 것으로 나 타났다. 문재인 정부가 만약 촛불 시위를 대변하는 정부임을 자 임하고자 한다면, 이 문제를 해결하는 데 온 힘을 다하지 않으면 안 된다. 경제민주화, 민생 등 뭐라고 부르든 사회경제적 문제, 복지를 포함한 사회정책에 있어 노동은 노사 관계 구조 안으로 들어와야 하고, 중심적인 생산자 집단으로 정치적·사회경제적 주체 내지 행위자가 되어야 한다. 정부의 질적 수준을 높인다는 것은 무엇을 말하는가. 정책 산출(output)의 효율성을 말하는 것일까? 그것은 권위주의의 장점이자 특성이지 민주주의의 본질은 아니다. 무엇보다 민주주의는 정책 산출의 효율성을 찾기 전에, 정당이든, 이익 결사체나 어떤 집단적 요구를 통해서든 사회경제적 삶으로부터 또는 정치적 권력관계로부터 발생하는 문제들이 밑으로부터 투입(input)되어야 하고, 그것이 우선적이다. 그렇지 않다면 국가권력과 선거를 통해 통치를 위임받은 대통령 권력은 효율성이라는 이름으로, 혹은 정당성·도덕성이라는 이름으로 무한정 팽창할 수밖에 없을 것이다. 여기에서는 국가권력, 통치자의 권력이 사회의 힘에 의해 제한되고 균형을 갖게 되는 '제한 국가'의 자유주의적 원리가 자리 잡을 여지가 없다. 따라서 재벌 대기업들은 청와대에서 정책을 시달받는 개별 기업으로서가 아니라, 그들 자신의 이익을 집단적으로 조직해 정부에 그 요구를 투입할 수 있어야 한다. 정부의 경제 행정 관료와 사용자단체들의 대표가 서로의 요구를 조율함으로써 정책이 만들어지는 과정을 거쳐야 한다. 마찬가지로 노동자들의 결사체인 노동조합의 대표도 정부 관료들과 협의하고 자신들의 이익을 투입할 수 있어야 한다. 그러나 지금까지 노조는, 정부가 일방적으로 만든 정책을 이행하는 정책 대상의 역할밖에 하지 못했다. 그리고 그 정책 자체도 기업의 요구가 일방적으로 반영된 것이었다. 진보적인 정부는 노동자들을 위해 더 높은 최저임금, 더 많은 정규직 비율, 노조 활동의 권리를 더 보장하는 정책, 또는 저소득층을 위해 더 많은 복지 예산을 배정하려고 노력할 것이다. 그러나 그것은 어디까지나 국가 온정주의 이상을 넘어서지 못한다. 우리는 서구의 코포라티즘적 제도와 실천에서, 정책 결정 수준에서 노사정 3자 협의가 가능하고, 산업 현장, 노동 현장인 기업 수준에서도 협력적 노사 관계를 통해 그들 각자가 독립적 행위 주체가 되는 것을 볼 수 있었다. 문재인 정부가 진보적인 정부임을 자임한다면, 최저임금 인상이라든가, 공공 부문에서 비정규직의 정규직 전환, 고용 확대 정책의 중시 등 노동문제와 관련된 개별 정책들에 집중할 필요도 있지만, 더 근본적인 문제는 기업이나 사용자들, 노동자들이 스스로 독립적인 생산자 집단으로서 자신의 의사와 이익을 표출하고, 스스로 문제를 해결할 수 있는 민주적 노사 관계의 제도적 틀을 만드는 일에 진력해야 한다. 그렇게 하기 위해서는 한국 경제 전체의 생산 체제, 시장을 조직하고 제도화하고, 생산자 집단들의 역할에 대한 전체적 구조를 만들어야 한다. 그리고 그들 간의 이해관계와 갈등을 조절하는 큰 정치력도 필요하다. 이런 일은 세부적인 경제 영역에서 정책을 결정하고 운영하는 것보다 훨씬 더 어려울지 모른다. 이 점에서 코포라티즘 이론은, 그동안 정부와 재벌 대기업들에 익숙한 국가 중심적 경제 운영 방식을 넘어, 정부와 사용자단체, 노조가 상호 독립적 행위자로서 협력하는 새로운 지배 구조를 발전시키는 데 중요한 이론적 디딤돌이 될 수 있다. 그것은 국가 영역에 한정된 것도 아니며, 시장도 시민사회도 아닌, 이런 영역들을 가로지르거나 중첩되면서 형성되는 새로운 영역에서 거버넌스를 발전시키는 과업이라고 할 수 있다.

지금까지 노동문제에 대해 긴 이야기를 나눴다. 우리 사회에서도 코포라티즘이라는 용어나 개념이 어느 정도 익숙해지긴 한 것 같다. 하지만 아직은 노사정이 서로 협조해야 한다는 차원 이상은 아니다. 따라서 코포라티즘 이론이 정치적으로 어떤 민주주의, 경제적으로 어떤 노사 관계, 사회적으로 어떤 기능적 통합 모델을 지향하는지를 자세히 살펴봤다는 점에서, 오늘 대화의 의미가 있을 것 같다. 코포라티즘이 제대로 이해되었으면 하는 바람을 갖고, 대화를 마친다.